Pädagogische Beratung, Vorwort und
Wörterverzeichnis: Ulrike Holzwarth-Raether

Die Deutsche Bibliothek – CIP-Einheitsaufnahme
Der Kinderduden/mit Geschichten von Achim Bröger und
Bildern von Doris Rübel. [Pädag. Beratung, Vorw. und
Wörterverz.: Ulrike Holzwarth-Raether]. –
4., völlig neu bearb. Aufl. –
Leipzig; Mannheim; Wien; Zürich: Dudenverl., 1994
ISBN 3-411-04494-2
NE: Bröger, Achim; Rübel, Doris

Das Wort DUDEN ist für Bücher aller Art
für den Verlag Bibliographisches Institut & F. A. Brockhaus AG
als Warenzeichen geschützt.

Alle Rechte vorbehalten
Nachdruck, auch auszugsweise, vorbehaltlich der Rechte,
die sich aus §§ 53, 54 UrhG ergeben, nicht gestattet.

© 1994 Bibliographisches Institut & F. A. Brockhaus AG,
Mannheim
Satz: CSS GmbH, Speyer
Druck und Bindearbeit: Druckerei Parzeller, Fulda
Printed in Germany
ISBN 3-411-04494-2

DER KINDER DUDEN

Sprechen, Schreiben, Lesen

4., völlig neu bearbeitete Auflage

mit Geschichten
von Achim Bröger
und
Bildern von Doris Rübel

DUDENVERLAG
Mannheim · Leipzig · Wien · Zürich

Inhalt

Vorwort 4

Arbeit und Beruf 6
    Heute abend muß die Arbeit fertig sein 7

Auf dem Bauernhof 8
    Hoffentlich darf ich reiten 9

Auf der Baustelle 10
    Hoffentlich ziehen Kinder ein 11

Im Supermarkt 12
    Sahne vergessen 13

Früher – heute 14
    Es war nicht immer so 15

Das Fernsehen 16
    Schalt mal um 17

Feste feiern 18
    Kommt alle! 19

Das Feuer 20
    Toll sieht es aus 21

Sich fortbewegen 22
    Ein irrer Verkehr 23

Tiere im Haus 24
    Nicht nur Spaß 25

Sich anziehen 26
    Vergiß den Schal nicht 27

Körper und Körperpflege 28
    Patschnaß 29

Kranksein – verletzt sein 30
    Wir fahren ins Krankenhaus 31

In der Küche 32
    Heute gibt es Pfannkuchen 33

Fremd sein – anders sein   34
    Wir verstehen uns trotzdem   35

Musik machen   36
    Mit Gartenschlauch und Eierschneider   37

Im Garten   38
    Olafs Riesenblume   39

Die Post   40
    Brief an Oma   41

In der Schule   42
    Wie wird es sein?   43

Auf dem Spielplatz   44
    Der Spielplatz steht auf dem Kopf   45

Theater spielen   46
    Gleich geht's los   47

Am Meer   48
    Vater, das Strandpferd   49

Im Straßenverkehr   50
    Kannst du nicht aufpassen?   51

Die Familie   52
    Kompliziert, diese Verwandtschaft   53

Im Wald   54
    Plötzlich hört Ines ein Knacken   55

Das Wasser   56
    Von der Quelle bis zum Meer   57

Das Wetter   58
    Gleich gibt's ein Gewitter   59

Wohnen   60
    Unser Lieblingshaus   61

Die Zeit   62
    Beeil dich!   63

Wir leben zusammen   64
    Jeder ist anders   65

Vorwort zum Wörterverzeichnis   66
    Wörterverzeichnis   67

„Schlag doch nach ...

...wenn du ein Wort nicht schreiben kannst". Das ist leichter gesagt als getan, denkst du vielleicht. Denn beim Nachschlagen sitzt du dann vor langen Listen von schwarz, eng und klein gedruckten Wörtern. Der Finger rutscht rauf und runter übers Papier und verirrt sich immer wieder, bis die Wörter schließlich anfangen, vor den Augen zu tanzen. Das macht keinen Spaß. Und das gesuchte Wort hast du auch nicht gefunden. Also schlägst du das Buch rasch wieder zu und schreibst das Wort, wie es sich anhört.

Zum Nachschlagenlernen brauchst du ein Wörterbuch, das dir den Schrecken vor den vielen Wörtern nimmt und Mut macht, dich auf die Suche zu begeben. Der KINDERDUDEN soll so ein Buch sein.

Der erste Teil des Buchs zeigt, wo die Wörter zu Hause sein können, denn ein Wort steht nur im Wörterbuch alleine herum. Sonst, gesprochen oder geschrieben, gehört es zu einem anderen Wort, zu einem Satz, zu einer ganzen Geschichte. Und die Geschichten erzählen von der Welt, in der wir leben oder einer, die wir uns vorstellen.

Auf jeder Doppelseite dieses ersten Teils steht rechts so eine Geschichte. Es sind Geschichten von der Post, von der Baustelle, vom Wetter, vom Wohnen, von den Tieren und Pflanzen. Auf der linken Seite stehen Wörter, die zu den Themen der Doppelseite passen. Es sind einfache, nicht kompliziert zusammengesetzte Wörter. In diesen kleinen, überschaubaren, alphabetisch geordneten Wörterlisten, die auch noch durch kleine Bilder aufgelockert werden, besteht keine Verwirrungsgefahr. Hier kannst du ganz leicht das Nachschlagen lernen und üben.

Der zweite Teil des KINDERDUDENS ist ein dickes Wörterverzeichnis, in dem 11 000 Wörter aufbewahrt sind. Wenn du mit den Wörterlisten im ersten Teil ein

Betonmischmaschine

bißchen geübt hast, kannst du dich an diese lange Liste nun mutig heranwagen.

Ein wenig Geduld und Zeit sind schon nötig, um sich in den vielen Spalten zurechtzufinden. Um das Suchen und Nachschlagen aber leichter zu machen, stehen die Wörter ohne weitere Formen untereinander, gerade so, wie in den Listen des ersten Teils. Auch hier gibt es nur die allernötigsten Zusammensetzungen, so daß das Auge und der Finger flink übers Alphabet flitzen können. Die bunten Bilder der Kopfleiste laden zwischendurch zum Ausruhen von der kniffligen, anstrengenden Arbeit des Nachschlagens ein.

Überhaupt sind es die Bilder im KINDERDUDEN, die den Wörtern Farbe geben. Sie zeigen, daß sich hinter jedem geschriebenen Wort, das ja nur aus einzelnen Schriftzeichen zusammengesetzt ist, Geschichten verbergen. Geschichten, über die man sprechen und nachdenken kann, die man weitererzählen und weiter schreiben kann, in denen man Neues erfährt und schon Vertrautes und Eigenes wiedererkennt.

Wenn du Fragen hast, dann schreib' uns an folgende Adresse: Bibliographisches Institut & F. A. Brockhaus AG, Lektorat Kinderbuch, Dudenstraße 6, 68167 Mannheim.

Und übrigens: Ohne Üben geht es nicht. Wenn das Wörterbuch im Regal verstaubt oder nur in der Schultasche herumgeschleppt wird, nützt es nichts. Wenn also ein Zweifel entsteht, zu Hause oder in der Schule, auch nur der allerkleinste, dann hör' auf ihn, und ...

... schlag doch einfach nach!

Arbeit und Beruf

Angestellte, der
anstrengend
Anzeige, die
arbeiten
Arbeiter, der
arbeitslos
ausbilden
Beamte, der
beschäftigen
Betrieb, der

Lehrling, der
Leistung, die

Handwerker

Anzeige

lernen
Lohn, der
Meister, der
Mißerfolg, der
Pause, die
Pension, die
Rente, die
Selbständige, der

bewerben, sich
Büro, das
Chef, der
Ehrgeiz, der
erfolgreich
erschöpft
Fabrik, die
Freizeit, die
Gehalt, das
Geschäft, das
Geselle, der
Handwerker, der
Kollege, der

Fabrik

Stelle, die
Urlaub, der
Werkstatt, die
zufrieden

Heute abend muß die Arbeit fertig sein

Heike und ihr Vater beeilen sich. Sie muß zur Schule, und er muß zur Arbeit. Schnell gibt Heike Vater noch einen Abschiedskuß und erinnert ihn: „Nicht vergessen! Du mußt mich heute abend um sechs Uhr vom Turnen abholen." Vater verspricht: „Mache ich." Dann gehen die beiden. Mutter hat noch etwas Zeit. Sie muß erst um neun Uhr im Büro sein.
Kaum sitzt Vater am Schreibtisch, kommt eine Kollegin. Sie bringt eine Menge eilige Arbeit mit. Bis heute abend soll er das erledigen. Vater blättert in Aktenordnern. Er liest, macht Notizen und rechnet. Um zwölf Uhr kommen zwei andere Kollegen zu einer Besprechung. Immer wieder klingelt das Telefon. Vater glaubt schon nicht mehr, daß er seine Arbeit rechtzeitig schaffen kann. Später und später wird es.
Da hat er endlich alles fertig. „Prima, daß es geklappt hat", sagen alle. Ein bißchen freut sich Vater darüber. Aber vor allem ist er müde. Jetzt will er schnell nach Hause fahren. Es ist schon halb sieben, und er sitzt im Auto. Plötzlich fällt ihm ein: „Verflixt, ich habe Heike doch versprochen, daß ich sie um sechs Uhr abhole!" – Vor lauter Arbeit hat er das vollkommen vergessen.
Was sagt Heike zu ihm, wenn er nach Hause kommt? Und was sagt Vater? Spielt das doch mal.

Auf dem Bauernhof

Acker, der
Bauer, der
Ernte, die
ernten
Feld, das
Futter, das
Gans, die
Gerste, die
Getreide, das
Hafer, der
Hahn, der

Schwein

Hahn

mähen
Mais, der
mästen
melken
Milch, die
Mist, der
Pferd, das
pflügen
Roggen, der
Saat, die

Henne, die
Heu, das
Huhn, das
Kartoffel, die
Katze, die
Kuh, die
Landwirtschaft, die

Schaf

säen
Schaf, das
Scheune, die
Schwalbe, die
Schwein, das
Stall, der
Stroh, das
Traktor, der
Weizen, der

Kuh

Hoffentlich darf ich reiten

Sarah, Till und ihre Eltern machen Ferien auf dem Bauernhof. Ihr erster Tag beginnt mit einem Frühstück im Garten. Sarah sagt: „Hoffentlich darf ich bald reiten!" Ihr Bruder stöhnt: „Oh, du mit deinen Pferden!" Da kommt Birgit. Sie ist die Tochter des Landwirts, und sie möchte den Stadtkindern den Hof zeigen. Zuerst führt sie Sarah und Till in den Stall. Jede Menge Kühe stehen da. „Meine Großeltern haben die früher mit der Hand gemolken", erzählt Birgit. „Mit der elektrischen Melkmaschine geht das viel schneller." Danach laufen die drei an hohen Silos vorbei, in denen Viehfutter gelagert wird. Vor dem Geräte- und Maschinenschuppen steigt Bauer Franzen, Birgits Vater, auf den Traktor und tuckert zur Scheune hinüber. Hier werden Heu und Getreide untergebracht. Birgit sagt: „Papa fährt dann hinaus aufs Feld." Till fragt: „Habt ihr Schweine?" Birgit antwortet: „Ne, aber unser Nachbar züchtet welche. Dafür gibt es bei uns noch Hühner und Gänse." Dann stehen die Kinder vor einer Koppel, auf der zwei Pferde grasen. „Der Apfelschimmel heißt Zorima und der Fuchs Nora", sagt Birgit. Sarah fragt: „Darf ich auf ihnen reiten?" Birgit nickt. Jetzt ist Sarah sicher, daß die Ferien prima werden. Till denkt: „Die Pferde sind hoch genug, um tief runterzufallen. Da bleibe ich lieber gleich unten."

Auf der Baustelle

Architekt, der
aufstellen
ausheben
ausschachten
Backstein, der
Bagger, der
Balken, der
Bauarbeiter, der
Bauleiter, der
Baustelle, die
betonieren

Kelle

Kelle, die
Kies, der
Kran, der
Leiter, die
Lot, das
Mauer, die
Maurer, der
Mörtel, der
Richtfest, das
Säge, die
Sand, der
Schaufel, die

Betonmischmaschine

Betonmischmaschine, die
Dachdecker, der
Dachstuhl, der
Dachziegel, der
Eimer, der
Fundament, das
Gerüst, das
graben
Hammer, der
Hausbau, der
heben
hochziehen

Schubkarre

schaufeln
Schubkarre, die
Wasserwaage, die
Zement, der
Zimmermann, der

Hoffentlich ziehen Kinder ein

„Mensch, was macht der denn da!" ruft Susanne. Ein großer Bagger fährt quer über die Wiese. Er schiebt gefällte Bäume, schwere Steine und Lehm mit seiner Riesenkraft einfach beiseite.
Die Kinder fragen den Baggerführer, warum er hier ist. „Weil das eine Baustelle wird. Hier soll nämlich bald ein Haus stehen", antwortet der Mann.
Heiko sagt: „Hoffentlich ziehen Kinder ein!" Susanne meint: „Das wäre toll. Dann könnten wir mit denen spielen."
Bevor es jedoch soweit ist, muß erst einmal gearbeitet werden. Zuerst hebt der Bagger die Baugrube aus. Dann kommen die Bauarbeiter. Sie betonieren die Fundamente für den Keller. Dazu brauchen sie eine Betonmischmaschine, Schubkarren, Schaufeln, Kies, Zement und noch vieles mehr.
Sind die Kellerwände fertig, wird die Kellerdecke betoniert. Dann werden die Hauswände gemauert. Und wenn die Zimmerleute den Dachstuhl aus Balken zusammengefügt haben, ist Richtfest.
Dann feiern Susanne, Heiko und ihre Eltern mit den neuen Nachbarn und ihren Kindern. Sie grillen Würstchen, essen Kartoffelsalat und freuen sich über das neue Haus, das jetzt bald fertig sein wird.

Im Supermarkt

abwiegen
anbieten
besorgen
bezahlen
einkaufen
Einkaufswagen, der

Obst

Gemüse

Kunde, der
Lebensmittel, die
Obst, das
Preis, der
preiswert
Putzmittel, die
Rechnung, die
Schachtel, die
Schaufenster, das

Flasche, die
Fleischwaren, die
Geld, das
Gemüse, das
Getränke, die
Gewürze, die
günstig
Kasse, die

Teigwaren

Konserven

Selbstbedienung, die
Sonderangebot, das
Stand, der
Tasche, die
Teigwaren, die
teuer
Tüte, die
vergleichen
verkaufen
Verkäufer, der
Waage, die

Konserven, die
Korb, der

Sahne vergessen

Heute ist Samstag. Da kauft Vater immer ein. Er fährt am Vormittag mit dem Auto in den Supermarkt, und Lena kommt mit. Die beiden haben diesmal eine besonders lange Liste von Sachen geschrieben, die die Familie braucht.
Als alles ausgesucht ist und im Einkaufswagen liegt, kauft Vater noch Mutters Lieblingskekse. Und Lena bekommt eine Tüte Gummibärchen. An der Kasse bezahlen sie 98,40 DM. Lena staunt, daß der Einkauf so teuer ist.
Danach laden sie alles in den Kofferraum. „Fehlt noch was?" überlegt Lena, während sie die Einkäufe ins Auto packen. Zur Sicherheit vergleicht sie den Einkaufszettel mit dem, was sie eingekauft haben. Die Cornflakes sind da, der Reis ist da, die Äpfel und die Butter auch. Während sie prüft, ob etwas fehlt, wären ihr fast die Eier hingefallen. Sie kann sie gerade noch festhalten. Sonst hätte es jetzt schon Rührei gegeben. „O Mann, die Sahne haben wir vergessen", sagt Lena plötzlich. „Brauchen wir die wirklich unbedingt?" fragt Vater. „Klar", antwortet Lena. „Ohne Sahne schmeckt doch der Apfelkuchen garantiert nur halb so gut." Vater seufzt: „Sehe ich ja ein." Und er denkt: „Warum vergesse ich bloß immer etwas? So was Dummes!"

13

Früher – heute

Abgase, die
Atomkraft, die
Auto, das
automatisch
Benzin, das
bequem
Computer, der
Dampf, der

Industrie, die
Kohle, die
Lärm, der
Luftverschmutzung, die
Maschine, die
Motor, der
Ofen, der
Petroleum, das
Qualm, der
Rad, das
Ruß, der

elektrisch
elektronisch
Erdöl, das
Erfindung, die
Flugzeug, das
Fortschritt, der
Gas, das
giftig
Handarbeit, die

Satellit, der
Schlot, der
Strom, der
technisch
Telefax, das
Telefon, das
Umweltschutz, der
unbequem

Es war nicht immer so

Klaus steht unter der Dusche. Seine Großmutter schaut ihm zu. „Das ist heute schon toll", sagt sie. „Man dreht am Hahn, und warmes Wasser läuft aus der Wand. Meine Mutter mußte früher das Badewasser Topf für Topf auf dem Herd heiß machen und in eine große Blechwanne füllen. Einen Fön zum Haaretrocknen kannten wir auch nicht. Wenn ich mir so überlege, was es damals bei uns zu Hause alles nicht gab! Die elektrische Waschmaschine zum Beispiel. Ohne sie war der Waschtag sehr anstrengend. Die Wäsche mußte auf dem Waschbrett gerubbelt werden. Elektroherde, Tiefkühltruhen und Fernsehapparate hatten wir auch nicht. Und Autos sah man selten!" Klaus meint: „Dann hat es bestimmt weniger Unfälle gegeben." Großmutter nickt und sagt: „Die Luft, der Boden und das Wasser waren durch die Abfälle aus den Fabriken und durch die Abgase auch noch nicht so vergiftet. Bequemer haben wir es heute schon. Aber dafür ist es gefährlicher, lauter, komplizierter und teurer als damals." Dann sagt Großmutter zu Klaus: „Komm jetzt aus der Dusche! Sonst verbrauchen wir zuviel Wasser. Und sauber bist du ja schon längst!" Klaus protestiert und spritzt mit Wasser. „Laß das, Klaus. Ich habe mich heute schon gewaschen", sagt Großmutter lachend und gibt ihm das Handtuch.

Das Fernsehen

Sportsendung

ansagen
Antenne, die
ausschalten
auswählen
belehren
berichten
Bildschirm, der
einschalten
entscheiden
Fernsehapparat, der

Spielfilm

grausam
hören
informieren
interessant
Kanal, der
Kindersendung, die
komisch
Krimi, der
Kritik, die

langweilig
lehrreich
lustig
Nachrichten, die
Programm, das
sehen
senden
Sendung, die
Serie, die
Show, die

Werbung

spannend
Spielfilm, der
Sportsendung, die
Ton, der
unterhalten
Video, das
Videospiel, das
Werbung, die
Zeichentrickfilm, der

Zeichentrickfilm

Schalt mal um

Tim hat sich von Peter ein Video ausgeliehen. Es ist ein Krimi. „Den muß ich sehen", sagt er. Schon schaltet er den Fernsehapparat an und schiebt die Kassette in den Videorecorder. Holger kickt seinen Ball weg und setzt sich zu ihm. Irene klappt ihr Buch zu und macht es sich mit den anderen vor dem Apparat bequem. Auf der Mattscheibe werden Verbrecher von einem Polizeiauto gejagt. Die Sirene heult, die Reifen quietschen ganz schrecklich, und alle schießen mit Pistolen aufeinander. Michael bekommt Angst. Er hält seine Hände vor die Augen. „Peng! Peng!" hört er es immer noch. Eigentlich möchte Michael was ganz anderes sehen. Im Fernsehen läuft um diese Zeit seine Lieblingssendung. Aber er weiß, daß Tim auf keinen Fall den Videorecorder abschalten will. Die Polizisten verfolgen die Verbrecher nämlich immer noch. Sie tun das schon so lange, daß Irene gähnt. „Ich schalte mal ins Fernsehprogramm", sagt sie zu Tim. „Wehe!" sagt der. Immer muß Tim bestimmen, ärgert sich Irene. Dann fällt ihr ein, daß sie sich mit ihrer Freundin gleich draußen treffen will. Und Holger überlegt: Ich könnte Fußballspielen gehen. Das macht sowieso mehr Spaß. Vielleicht hat Michael auch Lust dazu.
Stell dir vor, du bist eines dieser Kinder. Wie würde die Geschichte bei dir weitergehen?

Feste feiern

Luftballon

Musik, die
Preis, der
raten
schmücken
singen
Spiel, das
spielen

ausgelassen
Begrüßung, die
besuchen
einladen
essen
Freunde, die
fröhlich
Gast, der
gemeinsam

Tanz, der
tanzen
Tombola, die

Lampion

Girlande

Girlande, die
Idee, die
lachen
Lampion, der
Los, das
Luftballon, der
Luftschlange, die
lustig
miteinander

trinken
Überraschung, die
vergnügt
vorbereiten
Vorführung, die
Wettspiel, das
zaubern
zusammen

Luftschlange

Kommt alle!

„Wir müßten mal ein Straßenfest feiern", schlägt Sigrid vor. „Au ja", sagt ihre Mutter. Auch den Nachbarskindern links und rechts und deren Eltern gefällt diese Idee. Damit aus der Idee ein großes Fest wird, schreiben sie Einladungskarten. Darauf steht: „Wir feiern ein Straßenfest! Sonnabend, 15 Uhr. Kommt alle!" Sigrid und Tim verteilen die Einladungen. Viele Nachbarn sagen gleich, daß sie mitfeiern wollen. Jetzt wird alles vorbereitet. Einige Kinder bauen einen Stand zum Dosenwerfen auf. Andere basteln Lampions. Schließlich soll das Fest bis in den Abend dauern. Die Erwachsenen kümmern sich um das Essen, die Getränke und die Musik. Dirk bläst Luftschlangen. Lutz pustet Ballons auf, und Sigrid möchte etwas vorzaubern. Sie hat ihren Zaubertrick schon fünfmal geübt. Leider verzaubert sie sich immer noch. Die alte Frau Bartels aus dem Erdgeschoß will auch mitfeiern. „Ich backe einen Pflaumenkuchen", verspricht sie. Fast alle freuen sich auf den Samstag. Nur Herr Schott aus dem zweiten Stock tut das nicht. „So ein lautes Fest ... unmöglich", schimpft er. „Ach was", sagt die alte Frau Bartels. „Ich bringe Ihnen ein Stück Kuchen. Dann feiern Sie bitteschön mit und muffeln nicht mehr." Und weil Herr Schott Pflaumenkuchen gern mag, überlegt er sich, ob er nicht doch kommt. – Wie würdet ihr ihn dazu überreden?

Das Feuer

Qualm

anzünden
Asche, die
bergen
blau
Brand, der
brennen
Feuerstelle, die
Feuerwehr, die
flackern
Flamme, die
Funke, der
gefährlich
gelb
glühen

Glut, die
glutrot
Grill, der
heiß
Hitze, die
Holzkohle, die
knistern
Lagerfeuer, das
lichterloh
löschen
orange
prasseln

Streichhölzer

Qualm, der
Rauch, der
retten
Streichholz, das
verkohlt
Waldbrand, der
wärmen
Wohnungsbrand, der
zündeln
züngeln

Grill

Toll sieht es aus

Die Kinder wollen ein Feuer machen. „Ein richtiges Lagerfeuer?" fragt Vater. „Genau so eines", sagt Simon. „Da kommen wir mit", beschließen seine Eltern. Gegen Abend gehen sie alle los. „Wir dürfen das Feuer nicht zu nahe am Wald anzünden", warnt die Mutter. Sie finden einen schönen Grillplatz. Hier haben kürzlich auch schon andere Feuer gemacht. Man sieht das an den herumliegenden Steinen und den Ascheresten. „Die Steine legen wir als Umrandung um die Feuerstelle", schlägt Vater vor. Jetzt suchen sie Reisig und viele trockene Äste am Waldrand. Etwas davon schichten sie über zusammengeknülltes Papier, das sie mitgebracht haben. Dann zündet Angela das Papier an. Schon lecken die Flammen am Reisig. Bald brennen auch die Äste. Schließlich haben sie ein richtig großes, prasselndes Lagerfeuer. Lichterloh brennt es, und die Funken fliegen. Toll sieht das Feuer aus, und es wärmt auch schön.
Sie holen sich Stöcke und spitzen sie an. Darauf spießen sie ihre Würstchen. Heiners gelbes Würstchen ist gar keines. Er will ausprobieren, wie eine Banane gebraten schmeckt. Eng rücken sie zusammen. „Bei so einem Feuer könnte ich es die ganze Nacht aushalten", sagt Mutter. Endlich sind die Würstchen fertig. Sie schmecken lecker. Und während sie die essen, denken alle, daß man so etwas viel öfter machen müßte.

Sich fortbewegen

Dampfer

anfahren
anlegen
Auto, das
Ballon, der
beschleunigen
Boot, das
bremsen
Dampfer, der
Düsenflugzeug, das

langsam
lenken
Luftschiff, das
Motorrad, das
Omnibus, der
Pferd, das
Rakete, die
reiten
rollen

Düsenflugzeug

Motorrad

Fähre, die
fahren
Fahrrad, das
fliegen
Floß, das
gleiten
halten
Hubschrauber, der
landen

schnell
schweben
Segelflugzeug, das
segeln
Segelschiff, das
starten
Straßenbahn, die
treten
Zug, der

Segelschiff

Ein irrer Verkehr

Nina besucht ihren Großvater. „Es ist laut bei dir", sagt sie. Nina hört die Autos, Motorräder und Mopeds vor dem Haus. Die Fahrzeuge bremsen an der Ampel, und sie fahren wieder los. Es quietscht und hupt. Großvater sagt: „Hier wohnten schon meine Eltern und deren Eltern. Trotzdem möchte ich ausziehen. Aber nicht nur wegen des Krachs, auch wegen der Abgase. Der heutige Verkehr hat nur einen Vorteil: Man kommt schnell überall hin, wenn die Straßen nicht verstopft sind." Nina und ihr Opa gehen ans Fenster. Sie sehen die Straßenbahn. Die rattert vorüber, und davon zittert das Haus ein wenig. Im nächsten Moment fährt ein Omnibus los. Großvater erzählt: „Früher war das eine ruhige Straße. Als mein Opa jung war, rumpelten Pferdedroschken hier entlang. Autos fuhren nur wenige. Das sind die, die heute als Oldtimer im Museum stehen. Über dem Haus schwebte alle paar Tage mal ein Zeppelin oder ein Ballon zum Flugplatz. Heute starten und landen ständig Düsenmaschinen, Hubschrauber und Sportflugzeuge." Nina und ihr Großvater gucken weiter auf die Straße. „Ein irrer Verkehr", sagt Opa. „Ich mag gar nicht mehr mit dem Auto fahren. Für weite Entfernungen benutze ich den Zug." Jetzt will Nina nach Hause radeln. Zum Glück gibt es hier einen Radweg. Den wird sie entlangfahren, und in zehn Minuten ist sie zu Hause.

23

Tiere im Haus

Aquarium, das
beobachten
erziehen
Feder, die
Fische, die
Flügel, der
füttern
gesund
Goldhamster, der

Haustier, das
Hund, der
Käfig, der
Kanarienvogel, der
Kaninchen, das
Katze, die
Kralle, die
krank

lebendig
Meerschweinchen, das
Napf, der
Panzer, der
pflegen
Pfote, die
Rennmaus, die
säubern
scheu
Schildkröte, die

Schnabel, der
Schnauze, die
Schwanz, der
sterben
streicheln
versorgen
Wellensittich, der
zähmen
zutraulich

Nicht nur Spaß

Timos Freunde sind gekommen. Jeder hat sein Haustier mitgebracht. Behutsam streichelt Ulrike das weiche Fell ihres Hamsters. Dann gibt sie ihm ein Stück Mohrrübe. Meistens lebt der Hamster ja in seinem Käfig. Aber heute hat er Ausgang. Richtig lebendig wird er allerdings erst am Abend, denn er ist ein Nachttier. Manchmal rumort er dann so herum, daß Ulrike kaum einschlafen kann.
Isabell hat ihr Meerschweinchen mitgebracht. „Meerschweinchen ist kein guter Name dafür", fällt Timo ein. Wie ein Schweinchen sieht das kleine wuschelige Tier nämlich nicht aus. „Laufen eure Tiere auch immer weg?" fragt Klaus. Weglaufen ist der Lieblingssport seiner Schildkröte. Olivers Wellensittich kann höchstens wegfliegen. Außerdem kann er ein paar Wörter sprechen. Das hat ihm Oliver mühsam beigebracht. „Doofkopp" war das erste Wort.
So ein Haustier macht nicht nur Spaß, sondern auch Arbeit. Ein Vogel braucht zum Beispiel jeden Tag frisches Futter und Wasser. Außerdem muß sein Käfig gesäubert werden. Sonst fühlt sich der Vogel nicht wohl. Gestern hat Oliver das Saubermachen vergessen. Deswegen macht er das jetzt. In der Zwischenzeit hockt sein Vogel auf einer Stuhllehne. Er guckt sich um. Es gefällt ihm da draußen.

Sich anziehen

Turnhose

alt
anziehen, sich
ausziehen
Badeanzug, der
Badehose, die
Bluse, die
elegant
eng
Gürtel, der

modisch
Mütze, die
neu
Pullover, der
Regenmantel, der
Rock, der
Sandale, die
Schal, der
schnüren

Sandale

T-Shirt

Handschuh, der
Hemd, das
Hose, die
Hut, der
Jacke, die
Kleid, das
locker
Mantel, der
Mode, die

Schuh, der
Socke, die
sportlich
Stiefel, der
Strumpf, der
Sweatshirt, das
T-Shirt, das
Turnhose, die
Turnschuh, der

Sweatshirt

Vergiß den Schal nicht

Katharina ist spät dran. In zehn Minuten beginnt nämlich die Schule. Warm angezogen wartet ihre große Schwester Anna in der Tür auf sie. „Beeil dich", drängelt sie. Dann sagt sie noch: „Mensch, ist das heute kalt draußen!" Das hat Katharina auch schon gemerkt. Schließlich läßt Anna schon die ganze Zeit die Haustür offen. Nun meckert sie auch noch, daß Katharina nicht fertig ist. Die soll ruhig sein. Wenn der Reißverschluß am Stiefel funktionieren würde, ginge es ja auch viel schneller! Aber der will nicht zugehen, obwohl Katharina zieht und schimpft. Dabei fällt ihr ein, daß das Turnzeug noch in der Küche liegt. Katharina überlegt, und dann läßt sie den widerspenstigen Stiefel einfach fallen. Sie rennt in die Küche und nimmt die Turnschuhe aus dem Turnbeutel. Die sind schließlich fast genauso warm wie die Stiefel. Und der Turnbeutel ist jetzt viel leichter geworden. Nur saubermachen muß sie die Turnschuhe später, bevor sie damit in die Turnhalle gehen darf. Da wird sie sich schon wieder beeilen müssen.

Anna will jetzt aber wirklich gehen. Also holt Katharina schnell ihren warmen Anorak. Er ist knallrot, und der blaurotgestreifte Schal paßt richtig gut dazu. Katharina mag diese Farben und ist gleich ein bißchen besser gelaunt. Geht dir das auch manchmal so?

Körper und Körperpflege

Bürste

Arm, der
atmen
Auge, das
baden
Bauch, der
Bein, das
Brust, die
Bürste, die
bürsten

Hand, die
Hintern, der
hören
kämmen
Kopf, der
Mund, der
Nägel, die
Nase, die
Ohr, das

Schwamm

Schere

duschen
Finger, der
Fön, der
fühlen
Fuß, der
Glied, das
Haare, die
Hals, der

riechen
Rücken, der
Scheide, die
Schere, die
schmecken
Schwamm, der
sehen
waschen
Zahn, der
Zahnbürste, die
Zehe, die

Zahnbürste

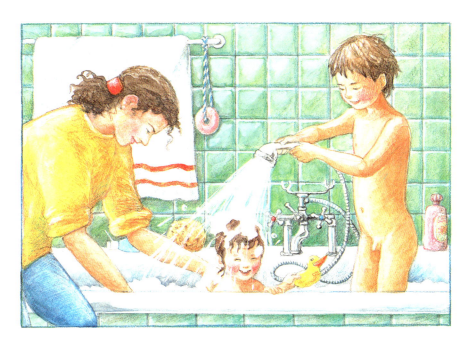

Patschnaß

„Julchen muß gebadet werden", sagt Mutter. Klar, daß Julchen wieder mit viel Wasser um sich spritzt. Die anderen sind fast so naß wie sie. Weil er schon naß ist, steigt Daniel gleich mit in die Wanne.

Nach dem Baden fühlt sich Julchen warm und kuschlig an. Außerdem riecht sie richtig gut. Mutter hält sie fest im Arm. Am liebsten möchte sie Julchen gar nicht mehr loslassen. Aber Vater sagt zu ihr: „Gib sie mir auch mal!"

Daniel guckt zu und hält das Handtuch. „Trocknet sie schnell ab. Sonst friert sie noch", sagt er. Und er denkt: Vor lauter Julchen haben die mich schon ganz vergessen.

Von Kopf bis Fuß wird seine Schwester abgerubbelt. Zuerst sind die Haare und das Gesicht dran, dann die Ohren. Das kitzelt, und sie wehrt sich. Als Mutter ihr den Bauch trockenreibt, kreischt und strampelt Julchen. „Unten ist sie auch noch naß", sagt Mutter. Vater trocknet ihr den Po, die Beine und Füße ab. „So ein kleines Mädchen. Aber an ihm ist wirklich schon alles dran", staunt Mutter. „An mir auch", meint Daniel und guckt sich im Spiegel an. „Stimmt", sagt Vater. Er nimmt Daniel in den Arm. Und deswegen ist Vater jetzt patschnaß. Daniel hatte sich nämlich noch nicht abgetrocknet.

Kranksein – verletzt sein

Salbe

Patient, der
Pflaster, das
Salbe, die
Schmerz, der
schwach
Spritze, die
sterben
Tablette, die
tapfer

ängstlich
Ärzte, die
beruhigen
besuchen
Bett, das
blaß
bluten
Bruch, der
eitern

Tabletten

Tod, der
trösten
Verband, der
verbinden
verschreiben
verwöhnen
weinen
wimmern
Wunde, die

erholen, sich
Erkältung, die
Fieber, das
heilen
Krankenhaus, das
Krankheit, die
müde
Narkose, die
Operation, die

Spritze

Verband

30

Wir fahren ins Krankenhaus

Claudia ist auf der Treppe ausgerutscht und hingefallen. Ihr linker Arm tut sehr weh. Als ihre Mutter ihn berührt, zuckt Claudia vor Schmerzen zusammen. Aber eine Wunde sieht man nicht. Claudias Vater sagt: „Die Praxis von Dr. Stohlmann hat jetzt geschlossen. Wir fahren ins Krankenhaus." Ängstlich fragt Claudia: „Muß ich dort bleiben?" Aber das wissen die Eltern nicht. Im Krankenhaus sitzen sie in einem Wartezimmer, bis eine Schwester sie zur Ärztin bringt. Spritzen, Scheren, Verbände und Tablettenschachteln sieht Claudia in dem Behandlungsraum. Die freundliche Frau im weißen Kittel untersucht Claudia. Zum Glück hat sie keine Gehirnerschütterung, aber ihr linker Arm ist gebrochen. „Den röntgen wir", sagt die Ärztin. Auf dem Röntgenbild sieht sie den Bruch. Claudias Arm wird eingegipst, damit der Bruch in Ruhe heilen kann. „Gut, daß ich nicht im Krankenhaus bleiben muß", freut sich Claudia auf der Heimfahrt. Ihre Mutter erzählt: „Als Kind lag ich mal im Krankenhaus. Mir wurde der Blinddarm herausoperiert." Claudia fragt: „War das schlimm?" Mutter antwortet: „Von der Operation habe ich nichts gespürt. Ich bekam ja eine Narkose. Die ersten Tage danach ging es mir nicht so gut. Aber dann habe ich mich schnell erholt, und ich bekam oft Besuch. Übrigens ... die Operationsnarbe sieht man heute noch."

In der Küche

backen
Becher, der
braten
Butter, die
Ei, das
Essig, der
fett
frisch
Gabel, die

Pfanne

Tasse

Glas, das
Herd, der
kochen
Kuchenform, die
Löffel, der
mager
Mahlzeit, die
Mehl, das
Messer, das
Milch, die

Nudeln, die
Öl, das
Pfanne, die
Pfeffer, der
Reis, der
Rezept, das
roh
rühren
Saft, der
Salz, das
schälen

Topf

schneiden
Schüssel, die
Tasse, die
Tee, der
Teller, der
Topf, der
zubereiten
Zucker, der

Kuchenform

Heute gibt es Pfannkuchen

Peter kommt hungrig nach Hause. „Heute abend möchte ich Pfannkuchen essen", wünscht er sich. „Am liebsten mag ich sie mit braunem Zucker." Vater sagt: „Pfannkuchen sind eine prima Idee ... aber mit grünem Salat." Und Sabine möchte Apfelkompott dazu. Auch Mutter findet, daß Pfannkuchen lecker wären, und sagt: „Das können wir alles machen. Kommt mal mit in die Küche." Dort arbeitet dann die ganze Familie. Vom Rezeptblock liest Sabine vor, was man zum Pfannkuchenbacken braucht. Mutter schlägt Eier in die Rührschüssel, Vater rührt die Zutaten zu einem Teig. Peter hat die Schürze umgebunden. Er steht als Pfannkuchenbäcker am Herd. „Wir brauchen noch mehr Teig", sagt er zu Vater. Der rührt weiter, als wollte er Pfannkuchenrührmeister werden. Da entdeckt er in der Schüssel ein Stück Eierschale. Er fragt Mutter: „Soll ich's drin liegen lassen? Dann haben wir Eierschalenpfannkuchen." – Es dauert nicht lange, bis Peter genug Pfannkuchen gebacken hat. Sie essen gleich in der Küche. Zu den Pfannkuchen gibt es Salat, braunen Zucker und Apfelkompott. „Hat Spaß gemacht", meint Peter. Sabine sagt nichts. Ihr Mund ist zu voll. Sie futtert gerade ihren dritten Pfannkuchen. Dabei schielt sie schon auf den vierten. Das ist der letzte. Den möchte sie unbedingt haben. Aber bestimmt will Peter den auch.

Fremd sein – anders sein

achten
alt
ansprechen
aufnehmen
Ausländer, der
behindert
belächeln
blind
dick
dünn
fragen
Frau, die

dünn – dick

Mann, der
menschlich
mißtrauisch
Mitleid, das
peinlich
schämen, sich
spotten
stumm
taub
übersetzen
unverständlich
verachten
verschieden
verstehen
zuhören

jung – alt

fremd
Fremdsprache, die
Gewohnheit, die
groß
häßlich
Hautfarbe, die
hübsch
jung
Junge, der
klein
Mädchen, das

Junge
Mädchen

Wir verstehen uns trotzdem

Moritz sieht aus dem Fenster. Zwischen vielen Leuten geht da unten ein Mädchen mit Kopftuch. Es guckt auf einen Zettel in seiner Hand und auf die Namensschilder an den Häusern. Das Mädchen sucht jemanden, ganz klar. Von einem Haus zum anderen geht es. Dann kommt es zurück. „Eine Ausländerin", denkt Moritz, „wahrscheinlich kommt sie aus der Türkei". Moritz und seine Eltern waren im letzten Urlaub dort. Die Menschen waren freundlich zu den Ausländern, und die Ausländer waren Moritz und seine Eltern. Eben zeigt das Mädchen einem Mann seinen Zettel. Der zuckt nur mit den Schultern und läßt das Mädchen einfach stehen. Einen Augenblick stellt Moritz sich vor, die ausländischen Kinder in seiner Klasse wären nicht mehr da, wie manche Leute das wollen. „Das darf nicht sein", denkt Moritz. Er versteht sich gut mit Ausländern. Das Mädchen unten sucht weiter. „Ich helfe ihm", denkt Moritz. Er läuft aus dem Haus und zu dem Mädchen. „Hallo", sagt er, „wen suchst du?" Es antwortet nicht, dafür zeigt es Moritz den Zettel. „A. Yüksel", liest er, „Karlstraße." Sonst nichts. Moritz deutet die Straße hinunter. Dort biegt die Karlstraße ab. Dazu lächelt er das Mädchen an, und es lächelt zurück. Das verstehen sie beide. Dann gehen sie zur Karlstraße. Den A. Yüksel oder die A. Yüksel werden sie gemeinsam bestimmt finden.

Musik machen

Akkordeon, das
blasen
Chor, der
Flöte, die
Geige, die
Gitarre, die
hoch
Instrument, das
klatschen
Klavier, das

Trompete

Orchester, das
pfeifen
Rassel, die
rasseln
Saite, die
Schläger, der
Schlagzeug, das
singen
stampfen

Geige

klingen
klopfen
Konzert, das
kurz
lang
laut
leise
Lied, das
Note, die

Triangel

Takt, der
Taste, die
tief
Triangel, der
Trommel, die
trommeln
Trompete, die
üben
zupfen

Trommel

Mit Gartenschlauch und Eierschneider

„Wir machen Musik", schlägt Birgit vor. „Womit denn?" will Michael wissen. Sie haben nämlich keine Instrumente. Birgit sagt: „Dann basteln wir uns eben welche." Das tun sie jetzt auch. Und bald darauf ist ihr Orchester fertig.
Den Takt klopft Michael mit einem Kochlöffel sehr laut auf dem Nudelholz seiner Großmutter. Aus dem Gartenschlauch und der Tülle einer Gießkanne ist Werners Trompete entstanden. Als er hineinbläst, klingt sie ganz fürchterlich schräg. Alle halten sich die Ohren zu. Werner muß bestimmt noch viel üben, damit sich das besser anhört. Birgit hat sich ein Schellentamburin gebastelt. Die Schellen waren vorher mal Kronenkorken. Sie rasseln richtig schön. Dazu singt Birgit so laut, daß sich Thomas vor Schreck auf der Eierschneider-Mini-Gitarre verzupft. Pedro und sein Schlagzeug dürfen natürlich auch nicht fehlen. Er hat es sich aus Konservendosen, Flaschen und Papprollen gebaut.
Den Kindern macht die Musik auf ihren selbstgebastelten Instrumenten Spaß. Sie spielen alle Lieder, die sie kennen, und so laut es geht! Anschließend denken sie sich selber Lieder aus. Jeder darf eine eigene Strophe singen, und die anderen machen Musik dazu. Das klappt gut und klingt mit der Zeit immer schöner.

Im Garten

Amsel

Amsel, die
Aster, die
Beet, das
Blatt, das
blühen
Blume, die
Blüte, die
Bohne, die
Erde, die

Radieschen, das
Rechen, der
Regenwurm, der
reif
Rose, die
säen
Salat, der
Samen, der
Spaten, der
Spatz, der

Regenwurm

Stengel, der
Stiel, der
Tomaten, die
Tulpe, die
umgraben
unreif
wachsen
welken
Wurzel, die

Hacke

Frucht, die
gießen
Gras, das
Hacke, die
keimen
Knospe, die
Kräuter, die
Obstbaum, der
pflanzen

Tulpen

Olafs Riesenblume

In den Gärten sieht es aus, als wären die Nachbarn aus dem Winterschlaf aufgewacht. Eifrig graben sie um. Herr Wormer schaufelt Kompost auf seine Beete. Er möchte, daß bei ihm viel wächst. Frau Raether setzt Salat, und Olafs Mutter sät Kresse. Olaf guckt zu. Er kann den Frühling richtig riechen. Und er spürt die warme Sonne.
Olaf will auch etwas pflanzen. Sein Freund hilft ihm dabei. Olaf drückt einen Sonnenblumenkern in die Erde. Sein Freund gießt diesen Samen. Ein paar Tage später schieben sich schon grüne Keime aus dem Boden. Die wachsen ... und wie! Bald ist daraus eine Pflanze mit Stengel und Blättern geworden. Komisch rauh fassen sich die Blätter an, stellt Olaf fest. Wenn es länger nicht regnet, gießt Olaf seine Sonnenblume. „Der kann man ja fast beim Wachsen zusehen", sagt Mutter. Schließlich überragt die Blume sogar die Eltern. Und im Sommer ist aus dem kleinen Sonnenblumenkern eine hohe Riesenblume geworden. Ganz genau mißt Olaf sie. 3,12 Meter zeigt der Zollstock. „So groß möchte ich auch werden", denkt Olaf. „Dann könnte ich auf meine Eltern runtergucken. Das wäre toll. Ob ich mich gießen und düngen sollte?" überlegt er. „Den Pflanzen nützt das was. Vielleicht wirkt es bei mir auch? Probieren könnte ich es ja mal."

Die Post

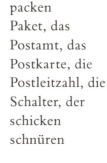

Absender, der
abstempeln
Adresse, die
Anruf, der
aufgeben
austragen
Brief, der
Briefkasten, der
Briefmarke, die

Päckchen, das
packen
Paket, das
Postamt, das
Postkarte, die
Postleitzahl, die
Schalter, der
schicken
schnüren

Eilbrief, der
einwerfen
empfangen
Empfänger, der
Ferngespräch, das
Gebühr, die
Luftpost, die
Nachricht, die
Ortsgespräch, das

senden
sortieren
Stempel, der
Telefon, das
telefonieren
Telefonzelle, die
Telegramm, das
verbinden
wählen

40

Brief an Oma

Christianes Mutter will ein paar Tage zu einer Freundin fahren. Deswegen schreibt Christiane ihrer Oma. In dem Brief fragt sie: „Kannst du hier sein, wenn Mama weg ist?" – „Hoffentlich kommt Oma!" denkt sie. Es macht Christiane Spaß, mit der Oma zusammen zu sein. Sie ist nämlich gar nicht streng. Außerdem liest sie ganz toll vor. Und Apfelstrudel backt sie so gut, daß Christiane das Wasser im Mund zusammenläuft.
Auf den Briefumschlag schreibt Christiane jetzt ihren Absender und Omas Adresse. Die Briefmarke darf sie nicht vergessen. Dann wird der Brief zugeklebt. Jetzt ab in den Briefkasten damit. Einen Tag später steckt der Postbote Christianes Brief in Omas Briefkasten. Oma freut sich riesig über diese Post. Auf alle Fälle will sie zu Christiane fahren. Sie muß nur überlegen, wann das bei ihr klappt. Während der Woche arbeitet Oma nämlich. Am übernächsten Wochenende hätte sie Zeit. Christiane soll das schnell erfahren. Deswegen geht Oma zur Telefonzelle, denn sie ist vor kurzem umgezogen, und ihr eigenes Telefon ist noch nicht angeschlossen. Christianes Telefonnummer kennt sie auswendig. Wo hat sie nur das Kleingeld? Ach, da ist es ja. Jetzt wählt sie. Gleich wird sie mit Christiane sprechen. Eigentlich toll! Immerhin liegen zwischen ihrem Mund und Christianes Ohr fast zweihundert Kilometer.

In der Schule

ausprobieren
basteln
Bleistift, der
Buch, das
faul
Fehler, der
fleißig
fragen
Füller, der

malen
Malstift, der
Mäppchen, das
neugierig
Pinsel, der
Radiergummi, der
rechnen
schreiben
Schüler, der

gewissenhaft
Heft, das
Klasse, die
kleben
Lehrer, der
lernen
lesen
Lexikon, das
Lineal, das

Schultasche, die
singen
spielen
Spitzer, der
Tinte, die
turnen
üben
vergeßlich
wiederholen

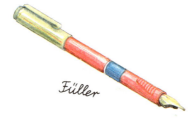

Wie wird es sein?

Schon seit Tagen ist Franziska aufgeregt. „Ich komme bald in die Schule. Wie wird's da sein?" überlegt sie. „Schule ist doof", sagt Franziskas großer Bruder. Als sie das hört, bekommt Franziska Angst vor der Schule. „Mir gefällt's in der Schule", erzählt Franziskas Freundin. Nun freut Franziska sich doch auf die Schule. Immer näher kommt ihr erster Schultag. Schließlich ist er da. Vater hat sich extra freigenommen. In der Klasse warten viele Kinder und mit ihnen ihre Eltern. Einige Kinder kennt Franziska schon aus dem Kindergarten. Sie setzt sich zu ihnen. Alle sind genauso aufgeregt wie Franziska. „Wo ist denn die Lehrerin?" überlegt sie. Franziska kramt in ihrer großen roten Schultüte. Süßigkeiten findet sie, außerdem ein Lineal, eine Schere, Hefte, Filzstifte und noch vieles mehr. „Das wirst du bestimmt alles brauchen können", sagt Vater. Dann kommt die Lehrerin endlich. „Eigentlich sieht sie ganz freundlich aus", denkt Franziska erleichtert.
Ein paar Wochen später sitzt Franziska an ihrem Schreibtisch. Sie macht Hausaufgaben. Jetzt kann sie gebrauchen, was alles in ihrer Schultüte gesteckt hat. „Schade, daß du keine Hausaufgaben-Mach-Maschine bekommen hast", sagt ihr Bruder. „So ein Ding müßte unbedingt erfunden werden!" „Meinst du?" sagt Franziska.

Auf dem Spielplatz

rennen
rutschen
Sandkasten, der
Schaufel, die
Schaukel, die
schaukeln
spielen
springen
Sprung, der

balancieren
balgen, sich
Ball, der
bauen
bewegen, sich
Eimer, der
geschickt
hopsen
hüpfen

toben
turnen
übermütig
ungeschickt
vorsichtig
werfen
Wippe, die
wippen
Wurf, der

kämpfen
kicken
Klettergerüst, das
klettern
kriechen
laufen
leichtsinnig
mutig
raufen

Der Spielplatz steht auf dem Kopf

Viele Kinder sind heute zum Spielplatz gekommen. Martin macht gerade einen Kopfstand. Er will ausprobieren, wie lange er das kann. Schade, daß ihm niemand dabei zusieht, nicht mal sein kleiner Hund. Interessiert schnuppert der drüben am Baum. Hier war Fips, der Nachbarshund, riecht er. Das findet er viel spannender als einen Kopfstand.
„He, guck doch mal!" ruft Martin. Aber Heike ruft gerade vom Kletterbaum aus noch viel lauter nach ihrer Freundin. Alle Kinder sind sehr beschäftigt. Zwei Jungen wollen genau wissen, wer von beiden stärker ist. Mal liegt der eine unten, mal der andere. Sicher wird es noch eine Zeitlang dauern, bis sie wissen, wer der kräftigere und geschicktere ist. Höher und höher schaukelt ein Mädchen, während Rolf und seine Freunde auf dem Klettergerüst herumturnen. Vorsichtig balanciert Moritz eine Runde auf dem Zaun. Alexander versucht mutig, ihm auf allen vieren nachzukriechen.
Jetzt kippt Martin um. Leider hat immer noch keiner darüber gestaunt, wie toll er kopfstehen konnte. „Na ja, ist ja auch egal. Hauptsache, ich habe es mal richtig lang geschafft", tröstet er sich. Dann fällt ihm plötzlich ein: „Komisch, wie der Spielplatz auf dem Kopf steht, wenn man selbst auf dem Kopf steht!"

Theater spielen

Maske

Applaus, der
aufgeregt
Aufregung, die
auftreten
Aussprache, die
auswendig
Beifall, der
Beleuchtung, die
Bühne, die
deutlich
Eintritt, der

Maske, die
Musik, die
nervös
Pause, die
Probe, die
proben
Rolle, die

Kostüm

Scheinwerfer

ernst
Grimasse, die
Handlung, die
heiter
klatschen
komisch
Kostüm, das
Kulissen, die
lustig

Schauspieler, der
Scheinwerfer, der
schminken
Spielleiter, der
Stimme, die
Text, der
Theaterstück, das
traurig
verkleiden
Vorhang, der
Zuschauer, der

46

Gleich geht's los

Die Kinder haben im Garten eine Leine gespannt. Daran wurde ein altes Bettlaken festgeklammert, das sie vorher bemalt haben. Fertig sind die Kulissen ihres Theaters.

„Gleich geht's los!" ruft Renate sehr laut durch ihre selbstgedrehte Flüstertüte. "Hallo, ich bin die Mutter", sagt ein Junge. In seinen Stöckelschuhen stolpert er zur Bühne. Hinter ihm kommt eine Dame im langen Pünktchenkleid. Eigentlich heißt sie Annemarie und macht sich gerne dreckig. Aber zur Abwechslung spielt sie heute eine sehr vornehme Dame.

Hannes ist der Herr mit Hosenträgern und ganz langen Strümpfen. Er konnte sich nicht entscheiden, welcher Hut aus der Kleiderkiste zu ihm paßt. Deswegen hat er drei Hüte aufgesetzt. „Dir wächst Gras aus dem Kopf", sagt Renate zu Hannes, als sie seine grüne Perücke sieht, die er unter all den Hüten trägt.

Carola, Oliver und Mario kommen aus der Nachbarstraße. Sie würden gerne mitspielen, trauen sich aber noch nicht. Deswegen schauen sie erst mal zu. „Los geht's!" ruft Renate. „Wir spielen die Geschichte von dem Mann mit den Grashaaren und seinen Freunden. Alle machen mit. Eintritt fünfzig Pfennig. Für Erwachsene das Doppelte!"

Am Meer

Möwe, die
Muschel, die
Qualle, die
Salzwasser, das
Sand, der
Sandburg, die
Schnorchel, der
schwimmen
Seestern, der

Angel, die
Boje, die
Bucht, die
buddeln
Düne, die
Fangnetz, das
Fels, der
Fischer, der
Fischerboot, das

segeln
spritzen
Stein, der
Strand, der
surfen
Tang, der
tauchen
Welle, die
Wind, der

Flossen, die
Gezeiten, die
Gischt, die
Hafen, der
Insel, die
Kaimauer, die
Krebs, der
Küste, die
Leuchtturm, der

Vater, das Strandpferd

Vater liegt am Strand und liest. Er merkt gar nicht, daß sich Matthias anschleicht. Blitzschnell zieht dieser seinem Vater das Buch unter der Nase weg. Und der hätte zu gerne mal in Ruhe gelesen. Aber Matthias möchte mit seinem Vater spielen. Deswegen spritzt er ihn naß. Sehr munter wird der Vater davon.
„Na warte", sagt Vater. Aber Matthias wartet nicht. Er spritzt noch mehr. Dann raufen sie im Sand. Vor lauter Sonnencreme fühlt sich Vater ganz glitschig an. Jetzt hängt Matthias auf Vaters Rücken. Und er läßt sich nicht abschütteln. So kann er seinen Vater nämlich sehr gut zum Reiten benutzen. „Lauf schneller, Pferdchen!" befiehlt Matthias. Auf allen vieren trabt Vater los.
Mutter guckt den beiden von der Luftmatratze aus zu. Sie schaukelt im Wasser. Schön faul fühlt sie sich bei der Hitze. „Herrlich", denkt sie. Sabine möchte nicht mehr länger im Sand spielen und beschließt, ihre faule Mutter ein wenig abzukühlen. Vorsichtig wird sie sich anschleichen und einen Stöpsel aus der Matratze ziehen. „Schscht... macht's, und Mutter liegt im flachen Wasser", stellt sich Sabine vor. „Oder laß ich das lieber?" überlegt sie. „Was soll ich jetzt nur machen? Meine Mutter wässern oder nicht?"

Im Straßenverkehr

Fahrrad

abbiegen
Ampel, die
anhalten
aufpassen
Auto, das
beachten
bremsen
Fahrbahn, die
Fahrrad, das
Gebot, das

Verkehrszeichen

Gehweg, der
Geschwindigkeit, die
Handzeichen, das
hupen
Kreuzung, die
langsam
leichtsinnig
links

Lkw, der
Motorrad, das
Omnibus, der
parken
Polizist, der
rasen
rechts
rücksichtsvoll
schnell
Straße, die

Omnibus

Straßenbahn, die
überholen
überqueren
Unfall, der
Verbot, das
Verkehrszeichen, das
Vorfahrt, die
vorsichtig
Zebrastreifen, der

Lkw

50

Kannst du nicht aufpassen?

Robert und Sven sind mit ihrem Hund unterwegs. Axel heißt er. Die Jungen wollen Fußball spielen. Und deswegen hat Sven seinen Ball mit. Sie gehen gerade zum Zebrastreifen. Da passiert es. Sven stolpert, und der Ball fällt ihm aus der Hand. Er kullert und hüpft über den Gehsteig auf die Straße. Der Hund sieht das kullernde, hüpfende Ding. Das muß er packen. Er reißt sich los. Dann jagt er hinter dem Ball her. „Axel!" ruft Sven entsetzt. Ein Autofahrer bremst im allerletzten Augenblick. Jetzt bemerkt auch der Hund die Gefahr und versucht auszuweichen. Ein Motorradfahrer schafft es nicht mehr zu bremsen. Er fährt gegen die Stoßstange des Autos, aber zum Glück nur ganz leicht.
„Kannst du nicht aufpassen?" ruft Sven dem Hund zu. Der kann das wirklich nicht gut. Er läuft nämlich immer hinterher, wenn da was kullert und hüpft. Zum Glück sind hier am Zebrastreifen alle langsam gefahren. Jetzt steigt der Autofahrer aus. „Ist was passiert?" fragt er. „Ne", sagen der Motorradfahrer, Sven und Robert zugleich.
Der Ball kullert in der Zwischenzeit nicht mehr. Ein Junge hat ihn aufgehoben. „Geht ihr zum Sportplatz?" fragt er. „Ja", sagt Robert. „Ich komm' mit", sagt der Junge. Und deswegen sind sie jetzt zu viert: drei Jungen und ein Hund.

Die Familie

Großvater

Großmutter, die
Großvater, der
heiraten
Mutter, die
Neffe, der
Nichte, die
Onkel, der
Paten, die
Schwester, die
Schwiegersohn, der
Schwiegertochter, die
Sohn, der
Stammbaum, der
Stiefmutter, die

abstammen
Adoptivkind, das
Ähnlichkeit, die
Bruder, der
Cousin, der
Cousine, die
Ehefrau, die
Ehemann, der
Eltern, die
Enkel, der
Enkelin, die
Familienfeier, die
Geschwister, die

Trennung

Stiefvater, der
Tante, die
Tochter, die
Trennung, die
Vater, der
verloben
verwandt
Verwandtschaft, die
Vorfahren, die

Geschwister

Kompliziert, diese Verwandtschaft

Bernds Opa hat Geburtstag. Zum Feiern kommen alle Verwandten. Sie haben sich ein Geschenk für ihn überlegt. Großvater und Bernd wollen es auspacken. „Das Geschenk kannst du brauchen", sagt Großmutter. „Vorsicht, ein Teil ist zerbrechlich", warnt die Großtante. Sie ist die jüngste Schwester von Großmutter. „Komisch", denkt Bernd, „daß sie nie ihren Hut abnimmt." Neben der Huttante sitzt Bernds Bruder. Er sagt: „Dein Geschenk funktioniert nur, wenn du was reinschraubst." Bernds Mutter hat ihr schönes rotes Kleid angezogen. Sie verrät: „Es wird ein leuchtendes Geschenk." Dazu meint Vater, der Bernds kleine Schwester auf dem Arm hält: „Bevor es leuchtet, muß man es anschließen." Vater ist übrigens nicht nur Vater. Er ist auch Großmutters Sohn, Mutters Ehemann, der Bruder seiner Schwester ... und noch mehr. „Dein Geschenk hat einen Fuß", sagt Tante Vera, Vaters Schwester. Ihr Mann, Onkel Rainer, meint: „Aber mit dem Fuß läuft es nicht davon." Die Tochter der beiden, Bernds Cousine, schenkt Opa noch eine Schallplatte. Bernds Cousin Klaus lehnt am Türrahmen. Er ist Tante Claudias Sohn. Seine Mutter kommt nie pünktlich. Und deswegen fehlt sie noch. „Kompliziert, diese Verwandtschaft", denkt Klaus. Aber Bernd will endlich wissen, was das für ein seltsames Geschenk ist.

Im Wald

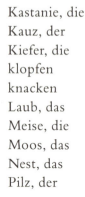

Ameise, die
Ast, der
Baum, der
Baumkrone, die
Buche, die
Bucheckern, die
Busch, der
Eiche, die
Eichelhäher, der
Eicheln, die

Kastanie, die
Kauz, der
Kiefer, die
klopfen
knacken
Laub, das
Meise, die
Moos, das
Nest, das
Pilz, der

Eichhörnchen, das
Farn, der
Fichte, die
Fink, der
Förster, der
Fuchs, der
huschen
Igel, der

rascheln
Reh, das
Rinde, die
Specht, der
Stamm, der
Tanne, die
Waldsterben, das
Wildschwein, das
Zapfen, der
Zweig, der

Plötzlich hört Ines ein Knacken

Die Familie geht im Wald spazieren. Unter einer Eiche machen sie Rast. „Der Baum ist bestimmt schon über hundert Jahre alt", sagt Mutter. Schön schattig ist es. Vater zieht tief die Luft ein und sagt: „Der Wald riecht gut." Tim sagt: „Ja, nach Harz." Ines fällt ein: „Und nach Erde und frischem Holz." Außer Eichen wachsen hier Buchen, und in der Schonung stehen junge Kiefern. Tim zeigt auf einen roten Pilz mit weißen Punkten. „Ein Fliegenpilz", erklärt Vater. „Der ist giftig." In der Nähe entdeckt Ines eine Marone. Eigentlich ist das ein leckerer Speisepilz. „Den nehmen wir trotzdem nicht mit", sagt Mutter. „Es gibt nicht mehr so viele Pilze. Man sollte sie stehenlassen. Außerdem sind sie durch radioaktive Strahlen und Umweltgifte belastet."
Jetzt spielen Tim und Ines Verstecken. Zuerst sucht Tim seine Schwester. Sie sitzt auf einem Moospolster unter einem Baum und hinter einem Busch. Licht fällt durch die Blätter. In den Ästen und Zweigen hoch über Ines klettert ein Eichhörnchen, und ein Käfer krabbelt auf ihren Schuh. Plötzlich hört Ines ein Knacken. Ob das ihr Bruder ist? Nein, da laufen zwei Rehe, und sie beachten Ines gar nicht. Aber Ines sieht die Himbeeren, die einige Meter vor ihrem Versteck leuchten. Sie rennt hin, und da entdeckt Tim seine Schwester.

Das Wasser

Frosch

Bach, der
bewässern
Brunnen, der
Ente, die
fließen
Fluß, der
Forelle, die
Frosch, der
Hecht, der

Quelle, die
Regen, der
sauber
Schilf, das
schmutzig
Schwan, der
See, der
Seerose, die
spritzen

Libelle

Ente

Hochwasser, das
Karpfen, der
Kröte, die
Laich, der
Libelle, die
Meer, das
Moor, das
Ölpest, die
plätschern

Strom, der
strömen
Sturmflut, die
Teich, der
trinken
tröpfeln
Tropfen, der
versickern
Wasserfall, der
Wasserleitung, die
Welle, die

Forelle

Von der Quelle bis zum Meer

Neben dem Wegrand sprudelt Wasser zwischen Steinen hervor. „Das ist eine Quelle", sagt Papa zu Maike. Schon ein paar Meter weiter fließt das Wasser der Quelle in einen Bach. Über seinen winzigen Wellen kurvt eine Libelle. Maike wirft ein großes Holzstück in den Bach und erklärt: „Papa, das ist unser Schiff, mit dem fahren wir beide." Papa nickt und sagt: „Immer mehr kleine Bäche fließen in unseren Bach. Er wird breiter." Maike hält das Steuer. Sie lenkt das Schiff in die Strömung, damit es nirgends hängenbleibt. Papa sagt: „Guck mal, unser Bach fließt in den Fluß." Maike stöhnt: „Igitt! Das Wasser stinkt." Papa erklärt: „Der Fluß ist durch Abwässer verseucht. Hier leben garantiert keine Fische." Es beginnt zu regnen. Nun haben die beiden auf ihrem Schiff auch Wasser von oben. Nebenflüsse lassen den Fluß breiter und breiter werden. „Jetzt ist er ein Strom", sagt Papa. „Sein Wasser sieht ziemlich sauber aus. Hier leben bestimmt Karpfen und Hechte." Schwäne schwimmen vorbei, und im Schilf am Uferrand quakt eine Kröte. Ausflugsdampfer und Schlepper begegnen Maike und ihrem Papa. „Bald mündet der Strom ins Meer", sagt Papa. Maike fällt ein: „Für das Meer ist unser Schiff zu klein." Papa meint: „Da hast du recht." Und deswegen ist Maikes und Papas Phantasiereise von der Quelle fast bis zum Meer hier zu Ende.

57

Das Wetter

Nebel

abkühlen
Blitz, der
blitzen
Donner, der
donnern
dunstig
Eis, das
feucht
Gewitter, das

Nebel, der
neblig
Orkan, der
Regen, der
Schnee, der
schwül
Sturm, der
stürmisch
trocken

Schnee

Blitz

Grad, der
Hagel, der
hageln
heiß
Hitze, die
kalt
Kälte, die
kühl
naß

Unwetter, das
warm
Wetterkarte, die
Wetterstation, die
windig
Windstärke, die
Wolke, die
Wolkenbruch, der
wolkig

Sturm

Gleich gibt's ein Gewitter

Vor Hitze klebt Laura in der Schule fast am Stuhl. Kein Wunder, bei dreißig Grad im Schatten. Endlich heißt es: „Hitzefrei!" So schnell sie das bei dem Schwitzewetter schaffen, gehen Laura und ihr Freund Paul ins Schwimmbad. Im Wasser ist es angenehm und kühl. Aber leider tauchen jetzt Wolken am Himmel auf. Mehr und mehr werden es. Erst sehen sie grau aus und dann schwarz. Kühl und windig ist es plötzlich. „Gleich gibt's ein Gewitter", sagt Paul. Schnell laufen sie los. Aber der Regen holt sie doch ein. Schon fallen die ersten Tropfen. Die Kinder ziehen ihr Badehandtuch über sich. Wie ein Zelt mit Beinen sehen sie aus. Als sie bei Laura zu Hause ankommen, ist aus dem Regen ein prasselnder Wolkenbruch geworden. Blitze zucken, und der Donner kracht. „Gut, daß ihr da seid", meint Mutter. Lauras Bruder Johannes sitzt ängstlich in der Ecke. Er hält sich die Ohren zu. Gleich wird es wieder fürchterlich krachen. „Mir gefällt das auch nicht", sagt Mutter. „Obwohl wir uns nicht fürchten müssen. Wir haben ja einen Blitzableiter auf dem Dach. Deshalb schlägt es bestimmt nicht ein." – „Ich müßte mein Zimmer aufräumen", fällt Laura ein. Wenn sie das nicht tut, gibt's noch ein Donnerwetter. Aber das wäre jetzt nur halb so schlimm. Bei dem Donnerwetter da draußen könnte sie das Donnerwetter ihrer Mutter sowieso nicht hören.

Wohnen

Hütte

Bad, das
Balkon, der
beengt
Bett, das
Burg, die
einrichten, sich
Einrichtung, die
Flur, der
Garderobe, die
gemütlich
geschützt
Haus, das
Hochhaus, das
Höhle, die
Hütte, die
Iglu, das
Keller, der

Kinderzimmer, das
Küche, die
leben
Miete, die
Möbel, die
Pfahlbau, der
praktisch
Reihenhaus, das
Schlafzimmer, das
Schrank, der
Sofa, das

Zelt

Speicher, der
Stockwerk, das
Stuhl, der
Terrasse, die
Tisch, der
Treppenhaus, das
umziehen
vermieten
wohnlich
Wohnung, die
Wohnzimmer, das
Zelt, das

Iglu

Unser Lieblingshaus

Die Kinder treffen sich auf dem Spielplatz. Angelika und Helmut haben sich dort aus einem Tisch ein Haus gebaut. Als Terrasse und Dachverzierung stellen die beiden einen Stuhl auf dieses Tischhaus. Eine Decke über dem Tisch macht ihr neues Haus zur Höhle. Die Kissenmöbel darin sind ganz weich. Angelika zieht ihre Beine unterm Tisch eng an sich. So fühlt sie sich wohl. „Bring uns Brezeln und was zu trinken mit", bittet sie Helmut. Die beiden wollen es sich hier richtig gemütlich machen. Später werden sie von ihrer Wohnhöhle einen Telefonanschluß zum Spielhaus legen. Durch ihr Spielzeugtelefon können sie dann mit den Freunden dort drüben sprechen.
Eigentlich ist das Spielhaus fast jeden Tag ein anderes Haus. Einmal haben die Kinder darin Hochhaus gespielt. Es war auch schon ein Fort und eine Ritterburg. Ein Pfahlbau und ein Holzhaus ist es sowieso. Lieblingshaus könnten sie auch dazu sagen. Allerdings gibt's jetzt noch ein zweites Lieblingshaus. Das Tischhaus von Angelika und Helmut nämlich.
„Schade, daß ich nachher schon nach Hause muß", denkt Helmut. Am liebsten möchte er sein Tischhaus auf dem Rücken mitnehmen, wie eine Schnecke das macht. Aber dafür ist es leider zu groß und zu schwer. Er kann es nicht einfach so wegtragen.

Die Zeit

abends
ankommen
beeilen, sich
Datum, das
Fahrplan, der
früh
Gegenwart, die
gerade
gestern

Stoppuhr

Uhr

heute
Jahr, das
jetzt
Kalender, der
kurz
lang
Minute, die
mittags
Monat, der
morgen
morgens

nachmittags
nachts
Sekunde, die
sofort
spät
Stoppuhr, die
Stunde, die
Stundenplan, der
Tag, der

Wecker

Kalender

trödeln
Uhr, die
Vergangenheit, die
Verspätung, die
vormittags
warten
Wecker, der
Woche, die
Zukunft, die

Beeil dich!

Florian träumt richtig schön von Sommer und Wasser. Da hört er seine Mutter rufen: „Florian, aufstehen!" Müde murmelt Florian: „Hmmm." Einen Augenblick bleibt er noch liegen. Ausgiebig dehnt und streckt er sich. Als er dann auf den Wecker sieht, erschrickt er. Kurz nach halb acht ist es. So spät schon! Er springt aus dem Bett. Schnell putzt er die Zähne. Zum Waschen hat er keine Zeit mehr.
Am Frühstückstisch fällt ihm dann das Datum ein: der erste April. „Wen könnte ich in den April schicken?" überlegt Florian. „Meinen Lehrer? Klar! Ob ich sage: ‚In Ihrer Hose ist ein Loch?' Aber darauf fällt Herr Detzner bestimmt nicht rein. Vielleicht hat Mutter ja eine bessere Aprilscherzidee." Sie kommt gerade aus der Küche. Aber Mutter hat jetzt keinen Sinn für Scherze. Sie sagt: „Beeil dich, höchste Zeit!"
Fünf vor acht ist es. Jetzt aber schnell, sonst fährt der Bus ohne Florian ab. Vor lauter Eile wirft er den Kakao um. „Paß doch auf! Und vergiß das Pausenbrot nicht", sagt Mutter noch. Florian hört das schon nicht mehr und rennt zum Bus. Am liebsten möchte er die Zeit anhalten. Zum Glück kommen Florian und der Bus gleichzeitig zur Haltestelle. Geschafft! „Morgen gehe ich früher los", denkt Florian. Dann grinst er. Ihm fällt ein, daß er sich das auch gestern schon vorgenommen hatte.

Wir leben zusammen

lachen

allein
ärgerlich
Aufmerksamkeit, die
bedanken, sich
belästigen
bitten
einsam
Enttäuschung, die
Feindschaft, die
Freude, die

weinen

Freund, der
Freundin, die
freundlich
Frieden, der
gemeinsam
Gerücht, das
Gespräch, das
gleichgültig
grüßen

helfen
hilfsbereit
Krieg, der
lachen
lästern
Leute, die
Nachbar, der
Name, der
Regeln, die
rücksichtsvoll

freundlich

stören
streiten
unfreundlich
versöhnen, sich
verstehen
vertragen, sich
weinen
wütend
zuhören

wütend

Jeder ist anders

Der alte Herr Bartels sieht aus dem Fenster. „Hallo!" grüßt Vera ihn von der Straße aus, und er begrüßt sie. Er freut sich, wenn er mit jemandem sprechen kann, denn er lebt alleine. Manchmal kauft Vera für ihn ein. Er geht nämlich am Stock, und das Tragen fällt ihm schwer. Jetzt ist Vera im Haus. Sie lebt mit ihren Eltern in einer der beiden Dachwohnungen. Neben Herrn Bartels im Erdgeschoß wohnen Frau Zimmer und Herr Tome. „Die sind jung", meint Veras Mutter. Die beiden arbeiten tagsüber. Vera steigt die Treppe hinauf. Im ersten Stock wohnt Familie Christiani aus Italien. Die kleinen Zwillinge von Christianis darf Vera manchmal spazierenfahren. Aus der Wohnung daneben hört sie Klaviermusik. Frau Stein spielt, und das klingt schön. Aber Herrn und Frau Lück im zweiten Stock stört die Musik, deswegen spielt Frau Stein nicht oft. Auch der Hund von Familie Böhm im zweiten Stock stört die Lücks, weil er manchmal bellt. Vera mag den Hund. Noch lieber mag sie Tobias, den Sohn von Böhms. Mit ihm spielt sie gerne. Jetzt steht sie vor ihrer Wohnung im dritten Stock. Außerdem lebt noch Frau Schott hier oben, die abends in einer Gaststätte als Kellnerin arbeitet. Vera hört Lachen im Haus und das Klavierspiel. Sonst nichts, obwohl hier überall Menschen wohnen. Ein ganzes Haus voll. Jeder ist anders, und alle sind Nachbarn.

65

Bevor du anfängst nachzuschlagen ...

... ein paar Informationen: In einem Wörterbuch oder einem Wörterverzeichnis stehen die Wörter untereinander, nach dem Alphabet geordnet. In diesem Wörterverzeichnis stehen die Wörter sogar ganz streng untereinander, wie in einer Liste oder einem Einkaufszettel. Das soll das Nachschlagen und Suchen erleichtern. Da die Liste ohnehin sehr lang ist, haben wir auf alles verzichtet, was dieses Wörterverzeichnis noch länger gemacht hätte:

Wörter, die aus zwei Wörtern bestehen, haben wir nicht aufgenommen. Wenn du nicht weißt, wie man „Ohrring" schreibt, mußt du unter beiden Wörtern nachschlagen und sie selbst zusammensetzen.

Wir haben darauf verzichtet, zu jeder männlichen Form die weibliche dazuzuschreiben. Wir wissen, daß es Helfer*innen*, Sänger*innen*, Gärtner*innen* gibt, wir sind selbst Lehrerinnen und Redakteurinnen, aber die Liste wäre endlos lang geworden, wenn wir überall die weibliche Form und ihre Mehrzahl dazugeschrieben hätten.

Einige Namenwörter (zum Beispiel Arbeiter) haben dieselbe Einzahl- und Mehrzahlform. Wir haben dann nicht die Mehrzahlform angegeben.

Bei den Zeitwörtern haben wir nur die Formen aufgeschrieben, die sich in der Schreibweise verändern. Bei Zeitwörtern mit vorangestellten Wortbausteinen verweist dich ein kleiner Pfeil → zum Grundwort. So findest du die Formen von „absenden" unter „senden".

Um dir das Nachschlagen leichter zu machen, haben wir die einzelnen Buchstaben noch einmal unterteilt. Wenn du das Wort „Brücke" suchst, mußt du nur die Wörter durchlesen, die unter den ersten beiden Buchstaben des Wortes stehen, unter „Br". Wenn du dich im Wörterverzeichnis trotzdem nicht mehr zurechtfindest und dich darin verirrt hast, dann zeigen dir die lustigen Bilder auf der Kopfleiste jeder Seite, wo du dich gerade befindest: Das freundliche Nilpferd zum Beispiel sagt dir, daß du gerade im Buchstaben „N" blätterst, und dann kann die Suche nach deinem Wort weitergehen.

Aa

Aa
der Aal
die Aale

Ab
ab
abbiegen 50
er bog ab
sie ist abgebogen
der Abend
die Abende
abends 62
das Abenteuer
die Abenteuer
abenteuerlich
aber
abfahren
→ fahren
die Abfahrt
die Abfahrten
der Abfall
die Abfälle
der Abgang
die Abgänge
das Abgas
die Abgase 14
der Abgeordnete
die Abgeordneten

der Abgrund
die Abgründe
der Abhang
die Abhänge
abkühlen 58
es kühlte ab
abkürzen
sie kürzte ab
die Abkürzung
die Abkürzungen
ablehnen
er lehnte ab
die Ablehnung
die Ablehnungen
ablenken
→ lenken
die Ablenkung
die Ablenkungen
abmelden
→ melden
die Abmeldung
die Abmeldungen
abreißen
→ reißen
der Abriß
die Abrisse
der Absatz
die Absätze
abschicken
→ schicken
der Abschied
die Abschiede
abschließen

→ schließen
der Abschluß
die Abschlüsse
abschreiben
→ schreiben
abseits
das Abseits
absenden
→ senden
der Absender 40
die Absicht
die Absichten
absichtlich
absperren
→ sperren
die Absperrung
die Absperrungen
abstammen 52
sie stammte ab
der Abstand
die Abstände
abstempeln 40
→ stempeln
abstimmen
→ stimmen
die Abstimmung
die Abstimmungen
der Absturz
die Abstürze
abstürzen
→ stürzen
das Abteil
die Abteile

67

die Abteilung
die Abteilungen
　abtrocknen
　→ trocknen
　abwärts
der Abwasch
　abwechseln
　→ wechseln
die Abwechslung
die Abwechslungen
　abwiegen 12
　→ wiegen
das Abzeichen

Ac
　ach
die Achse
die Achsen
　acht
　achten 34
　sie achtete
　achtlos
　achtzehn
　achtzig
der Acker 8
die Äcker

Ad
　addieren
　er addierte
die Addition

die Additionen
die Ader
die Adern
das Adjektiv
die Adjektive
der Adler
das Adoptivkind 52
die Adoptivkinder
die Adresse 40
die Adressen
　adressieren
　sie adressierte
der Advent

Af
der Affe
die Affen
　Afrika
der Afrikaner
　afrikanisch

Ah
　ahnen
　er ahnte
　ähnlich
die Ähnlichkeit 52
die Ähnlichkeiten
die Ahnung
die Ahnungen
　ahnungslos
der Ahorn

die Ahorne
die Ähre
die Ähren

Ak
das Akkordeon 36
die Akkordeons
die Akte
die Akten
　aktiv

Al
der Alarm
die Alarme
　alarmieren
　sie alarmierte
　albern
die Albernheit
die Albernheiten
das Album
die Alben
die Alge
die Algen
der Alkohol
　alkoholfrei
　alle
die Allee
die Alleen
　allein 64
　allerdings
　allerhand

68

allerlei
alles
allgemein
allmählich
allzu
die Alpen
das Alphabet
die Alphabete
alphabetisch
als
alt 26, 34
das Alter

Am
am
die Ameise 54
die Ameisen
Amerika
der Amerikaner
amerikanisch
die Ampel 50
die Ampeln
die Amsel 38
die Amseln

An
an
die Ananas
die Ananas(se)
anbieten 12
er bot an

sie hat angeboten
die Andacht
die Andachten
andächtig
andere
die and(e)ren
ändern
sie änderte
anders
die Änderung
die Änderungen
anfahren 22
→ fahren
der Anfall
die Anfälle
der Anfang
die Anfänge
anfangen
→ fangen
anfangs
sich anfühlen
→ fühlen
angeben
→ geben
der Angeber
das Angebot
die Angebote
der Angehörige
die Angehörigen
der Angeklagte
die Angeklagten
die Angelegenheit
die Angelegenheiten

die Angel 48
die Angeln
angenehm
der Angestellte 6
die Angestellten
angezogen
angreifen
→ greifen
der Angriff
die Angriffe
die Angst
die Ängste
ängstlich 30
anhalten 50
→ halten
der Anker
ankommen 62
→ kommen
die Ankunft
anlegen 22
→ legen
der Anorak
die Anoraks
der Anruf 40
die Anrufe
die Ansage
die Ansagen
ansagen 16
→ sagen
anschauen
→ schauen
anschaulich
die Anschauung

69

die Anschauungen
anscheinend
anschließen
→ schließen
der Anschluß
die Anschlüsse
die Anschrift
die Anschriften
ansprechen 34
→ sprechen
der Anstand
anständig
anstatt
sich anstrengen
  er strengte sich an
  anstrengend 6
die Anstrengung
die Anstrengungen
die Antarktis
die Antenne 16
die Antennen
die Antwort
die Antworten
antworten
sie antwortete
anwenden
→ wenden
die Anwendung
die Anwendungen
die Anzahl
anzahlen
→ zahlen
die Anzahlung

die Anzahlungen
die Anzeige 6
die Anzeigen
sich anziehen 26
→ ziehen
der Anzug
die Anzüge
anzünden 20
→ zünden

Ap
der Apfel
die Äpfel
die Apfelsine
die Apfelsinen
die Apotheke
die Apotheken
der Apparat
die Apparate
der Appetit
appetitlich
der Applaus 46
die Aprikose
die Aprikosen
der April

Aq
das Aquarium 24
die Aquarien

Ar
die Arbeit
die Arbeiten
arbeiten 6
er arbeitete
der Arbeiter 6
arbeitslos 6
der Arbeitslose
die Arbeitslosen
der Architekt 10
die Architekten
ärgerlich 64
sich ärgern
 sie ärgerte sich
das Argument
die Argumente
arm
der Arm 28
die Arme
der Arme
die Armen
der Ärmel
ärmellos
die Art
die Arten
der Artikel
der Arzt
die Ärzte 30
die Ärztin
die Ärztinnen

70

As
die Asche 20
der Asiate
die Asiaten
   asiatisch
   Asien
der Ast 54
die Äste
die Aster 38
die Astern
das Asthma
der Astronaut
die Astronauten

At
der Atem
   atemlos
der Atlas
die Atlanten
die Atlasse
   atmen 28
 sie atmete
das Atom
die Atome
die Atomkraft 14
das Attest
die Atteste

Au
die Aubergine
die Auberginen

auf
aufeinander
der Aufenthalt
die Aufenthalte
auffahren
→ fahren
die Auffahrt
die Auffahrten
auffällig
auffordern
→ fordern
die Aufforderung
die Aufforderungen
die Aufgabe
die Aufgaben
der Aufgang
die Aufgänge
aufgeben 40
→ geben
aufgeregt 46
aufhängen
→ hängen
aufhören
→ hören
aufmerksam
die Aufmerk-
   samkeit 64
die Aufmerk-
   samkeiten
aufnehmen 34
→ nehmen
aufpassen 50
→ passen

aufräumen
→ räumen
aufrecht
sich aufregen
→ regen
aufregend
die Aufregung 46
die Aufregungen
aufreißen
→ reißen
der Aufsatz
die Aufsätze
der Aufschlag
die Aufschläge
aufschlagen
→ schlagen
aufschreiben
→ schreiben
die Aufsicht
die Aufsichten
der Aufstand
die Aufstände
aufstehen
→ stehen
aufstellen 10
→ stellen
die Aufstellung
die Aufstellungen
der Auftrag
die Aufträge
auftreten 46
→ treten
der Auftritt

71

die Auftritte
aufwärts
der Aufzug
die Aufzüge
das Auge 28
die Augen
der Augenblick
die Augenblicke
augenblicklich
der August
aus
ausbilden 6
sie bildete aus
der Ausflug
die Ausflüge
ausführlich
die Ausgabe
die Ausgaben
der Ausgang
die Ausgänge
ausgeben
→ geben
ausgelassen 18
ausheben 10
→ heben
das Ausland
der Ausländer 34
ausländisch
die Ausnahme
die Ausnahmen
ausnahms-
weise
ausprobieren 42

→ probieren
die Ausrede
die Ausreden
ausreichend
ausschachten 10
er schachtete aus
ausschalten 16
→ schalten
außen
außerdem
aussehen
→ sehen
die Aussicht
die Aussichten
aussteigen
→ steigen
die Ausstellung
die Ausstellungen
aussuchen
→ suchen
sich austoben
→ toben
austragen 40
→ tragen
Australien
der Australier
australisch
die Auswahl
auswählen 16
→ wählen
auswärts
der Ausweg
die Auswege

ausweglos
der Ausweis
die Ausweise
auswendig 46
ausziehen 26
→ ziehen
der Auszug
die Auszüge
das Auto 14, 22, 50
die Autos
das Autogramm
die Autogramme
der Automat
die Automaten
automatisch 14

Ax
die Axt
die Äxte

Bb

Ba
das Baby
die Babys
der Bach 56
die Bäche
die Backe

72

die Backen
   backen 32
 er backte
   (er buk)
 sie hat gebacken
der Bäcker
die Bäckerei
die Bäckereien
der Backstein 10
die Backsteine
das Bad 60
die Bäder
der Badeanzug 26
die Badeanzüge
die Badehose 26
die Badehosen
   baden 28
 sie badete
der Bagger 10
die Bahn
die Bahnen
der Bahnhof
die Bahnhöfe
   balancieren 44
 sie balancierte
   bald
sich balgen 44
 er balgte sich
der Balken 10
der Balkon 60
die Balkone
die Balkons
der Ball 44

die Bälle
das Ballett
die Ballette
der Ballon 22
die Ballone
die Ballons
die Banane
die Bananen
der Band
die Bände
das Band
die Bänder
die Bande
die Banden
   bange
die Bank
die Bänke
die Banken
der Bär
die Bären
   barfuß
   barmherzig
die Barmherzigkeit
der Barren
der Bart
die Bärte
   basteln 42
 sie bastelte
die Batterie
die Batterien
der Bau
die Baue
die Bauten

der Bauarbeiter 10
der Bauch 28
die Bäuche
   bauen 44
 sie baute
der Bauer 8
die Bauern
die Bäuerin
die Bäuerinnen
der Bauleiter 10
der Baum 54
die Bäume
die Baumkrone 54
die Baumkronen
die Baustelle 10
die Baustellen

Be
   beachten 50
   → achten
die Beachtung
der Beamte 6
die Beamten
der Becher 32
das Becken
sich bedanken 64
   → danken
der Bedarf
   bedauern
   → dauern
   bedeutend
die Bedeutung

73

die Bedeutungen	die Begeisterung	bekannt
sich beeilen 62	beginnen	bekommen
→ eilen	er begann	→ kommen
beengt 60	sie hat begonnen	belächeln 34
die Beerdigung	begrüßen	→ lächeln
die Beerdigungen	→ grüßen	belehren 16
die Beere	die Begrüßung 18	→ lehren
die Beeren	die Begrüßungen	beleidigen
das Beet 38	behaart	sie beleidigte
die Beete	behalten	beleidigt
befehlen	→ halten	die Beleidigung
er befahl	der Behälter	die Beleidigungen
sie hat befohlen	behaupten	die Beleuchtung 46
befreien	sie behauptete	die Beleuchtungen
sie befreite	behindert 34	bellen
die Befreiung	der Behinderte	er bellte
die Befreiungen	die Behinderten	belohnen
befreundet	die Behinderung	→ lohnen
befriedigend	die Behinderungen	die Belohnung
befruchten	behutsam	die Belohnungen
er befruchtete	die Behutsamkeit	die Bemerkung
die Befruchtung	beide	die Bemerkungen
die Befruchtungen	der Beifall 46	sich benehmen
begabt	das Beil	→ nehmen
die Begabung	die Beile	beneiden
die Begabungen	das Bein 28	er beneidete
begegnen	die Beine	benutzen
er begegnete	beinahe	→ nutzen
die Begegnung	das Beispiel	der Benutzer
die Begegnungen	die Beispiele	benutzt
begeistern	beißen	die Benutzung
sie begeisterte	er biss	das Benzin 14
begeistert	sie hat gebissen	die Benzine

74

beobachten 24
sie beobachtete
die Beobachtung
die Beobachtungen
bequem 14
die Bequemlichkeit
beraten
→ raten
die Beratung
die Beratungen
bereit
der Berg
die Berge
bergen 20
sie barg
er hat geborgen
der Bericht
die Berichte
berichten 16
er berichtete
die Berichtigung
der Beruf
die Berufe
beruflich
berufstätig
beruhigen 30
er beruhigte
berühmt
beschäftigen 6
sie beschäftigte
beschäftigt
die Beschäftigung
die Beschäftigungen

bescheiden
die Bescheidenheit
beschleunigen 22
er beschleunigte
beschließen
→ schließen
der Beschluß
die Beschlüsse
die Beschwerde
die Beschwerden
sich beschweren
sie beschwerte sich
der Besen
der Besitz
besitzen
→ sitzen
besonders
besorgen 12
→ sorgen
besprechen
→ sprechen
die Besprechung
die Besprechungen
besser
das Besteck
die Bestecke
bestellen
→ stellen
die Bestellung
die Bestellungen
bestimmt
bestrafen
→ strafen

die Bestrafung
die Bestrafungen
der Besuch
die Besuche
besuchen 18, 30
→ suchen
beteiligen
sie beteiligte
die Beteiligung
die Beteiligungen
beten
er betete
der Beton
die Betons
betonieren 10
sie betonierte
die Betonmisch-
   maschine 10
die Betonmisch-
   maschinen
der Betrieb 6
die Betriebe
der Betrug
betrügen
er betrog
sie hat betrogen
der Betrüger
betrügerisch
das Bett 30, 60
die Betten
betteln
er bettelte
die Beule

75

die Beulen
der Beutel
   bevor
   bewässern 56
     → wässern
die Bewässerung
die Bewässerungen
sich bewegen 44
  er bewegte sich
die Bewegung
die Bewegungen
der Beweis
die Beweise
   beweisen
sie bewies
sich bewerben 6
  er bewarb sich
  sie hat sich
    beworben
   bewundern
     → wundern
die Bewunderung
   bewußtlos
die Bewußtlosigkeit
   bezahlen 12
     → zahlen
die Bezahlung

Bi
die Bibel
die Bibeln
die Bibliothek

die Bibliotheken
   biegen
  er bog
  sie hat gebogen
die Biegung
die Biegungen
die Biene
die Bienen
das Bier
die Biere
das Bild
die Bilder
   billig
die Binde
die Binden
   binden
  er band
  sie hat gebunden
der Biologe
die Biologen
die Biologie
   biologisch
die Birke
die Birken
die Birne
die Birnen
   bis
   bisher
ein bißchen
der Bissen
   bissig
   bitte
die Bitte

die Bitten
   bitten 64
  er bat
  sie hat gebeten
   bitter

Bl
die Blase
die Blasen
   blasen 36
  er blies
  sie hat geblasen
   blaß 30
das Blatt 38
die Blätter
   blättern
  er blätterte
   blau 20
das Blech
die Bleche
   bleiben
  er blieb
  sie ist geblieben
   bleich
der Bleistift 42
die Bleistifte
   blenden
  es blendete
der Blick
die Blicke
   blicken
  er blickte

blind 34
der Blinde
die Blinden
die Blindschleiche
die Blindschleichen
blinken
es blinkte
der Blinker
der Blitz 58
die Blitze
blitzen 58
es blitzte
blond
bloß
blühen 38
sie blühte
die Blume 38
die Blumen
der Blumenkohl
die Bluse 26
die Blusen
das Blut
die Blüte 38
die Blüten
bluten 30
sie blutete
blutig

Bo
der Bock
die Böcke
der Boden
die Böden
der Bogen
die Bögen
die Bohne 38
die Bohnen
bohren
er bohrte
die Boje 48
die Bojen
der Bonbon (das)
die Bonbons
das Boot 22
die Boote
böse
boshaft
böswillig
der Bote
die Boten
die Botin
die Botinnen
die Box
die Boxen
boxen
sie boxte
der Boxer

Br
der Brand 20
die Brände
die Brandung
braten 32
er briet
sie hat gebraten
der Braten
der Brauch
die Bräuche
brauchen
sie brauchte
braun
brausen
es brauste
die Braut
die Bräute
brav
bravo
brechen
er brach
sie hat gebrochen
der Brei
die Breie
breiig
breit
die Breite
die Breiten
die Bremse
die Bremsen
bremsen 22, 50
er bremste
brennen 20
es brannte
es hat gebrannt
die Brennessel
die Brennesseln
das Brett
die Bretter

77

die Brezel
die Brezeln
der Brief 40
die Briefe
der Briefkasten 40
die Briefkästen
die Briefmarke 40
die Briefmarken
das Brikett
die Briketts
die Brille
die Brillen
   bringen
 er brachte
sie hat gebracht
die Brise
die Brisen
   bröckelig
der Brocken
der Brokkoli
die Brombeere
die Brombeeren
das Brot
die Brote
der Bruch 30
die Brüche
   brüchig
die Brücke
die Brücken
der Bruder 52
die Brüder
   brüderlich
   brüllen

sie brüllte
   brummen
 er brummte
der Brunnen 56
die Brust 28
die Brüste
   brutal
die Brutalität
die Brutalitäten
   brüten
sie brütete

Bu

das Buch 42
die Bücher
die Buche 54
die Buchen
die Buchecker
die Bucheckern 54
die Büchse
die Büchsen
der Buchstabe
die Buchstaben
   buchstabieren
 er buchstabierte
die Bucht 48
die Buchten
der Buckel
   buck(e)lig
sich bücken
 er bückte sich
   buddeln 48

sie buddelte
der Buddhist
die Buddhisten
   buddhistisch
die Bude
die Buden
   bügeln
sie bügelte
die Bühne 46
die Bühnen
der Bumerang
die Bumerange
die Bumerangs
   bummeln
 er bummelte
der Bund
die Bünde
das Bündel
die Bundesregierung
das Bündnis
die Bündnisse
   bunt
der Buntstift
die Buntstifte
die Burg
die Burgen
der Bürger
das Büro 6
die Büros
die Bürste 28
die Bürsten
   bürsten 28
sie bürstete

der Bus
die Busse
der Busch 54
die Büsche
der Busen
der Bussard
die Bussarde
die Butter 32

Cc

Ca
das Café
die Cafés
das Camping
das Cello
die Celli
die Cellos

Cd
die CD
die CDs

Ch
das Chamäleon
die Chamäleons
die Chance

die Chancen
der Charakter
der Chef 6
die Chefs
die Chemie
der Chemiker
chemisch
der Chor 36
die Chöre
der Christ
die Christen
christlich

Cl
der Clown
die Clowns
der Club
die Clubs

Co
der Comic
die Comics
der Computer 14
der Container
die Corn-flakes
der Cousin 52
die Cousins
die Cousine 52
die Cousinen
der Cowboy
die Cowboys

Cr
die Creme
die Cremes

Dd

Da
da
dabei
das Dach
die Dächer
der Dachdecker 10
der Dachs
die Dachse
der Dachstuhl 10
die Dachstühle
der Dachziegel 10
dadurch
dafür
dagegen
daheim
daher
dahin
dahinter
die Dahlie
die Dahlien
damals
die Dame
die Damen

79

damit
der Damm
die Dämme
die Dämmerung
der Dampf 14
die Dämpfe
der Dampfer 22
danach
daneben
der Dank
dankbar
die Dankbarkeit
danken
er dankte
dann
daran
darauf
daraus
darin
der Darm
die Därme
darüber
darum
darunter
dasselbe
das Datum 62
die Daten
dauern
es dauerte
dauernd
der Daumen
davon
davor

dazu
dazwischen

De

die Decke
die Decken
der Deckel
decken
sie deckte
die Deckung
defekt
sich dehnen
er dehnte sich
der Deich
die Deiche
dein
deine
deinetwegen
der Delphin
die Delphine
demnach
demnächst
der Demokrat
die Demokraten
die Demokratie
die Demokratien
demokratisch
die Demonstration
die Demonstrationen
demonstrieren
sie demonstrierte

denken
er dachte
sie hat gedacht
das Denkmal
die Denkmäler
denn
dennoch
derb
derjenige
derselbe
deshalb
desto
deswegen
der Detektiv
die Detektive
deutlich 46
die Deutlichkeit
deutsch
der Deutsche
die Deutschen
der Dezember
der Dezimeter

Di

das Dia
die Dias
der Dialekt
die Dialekte
der Diamant
die Diamanten
die Diät
die Diäten

80

dich
dicht
dichten
sie dichtete
der Dichter
die Dichtung
die Dichtungen
dick 34
das Dickicht
die Dickichte
der Dieb
die Diebe
der Diebstahl
die Diebstähle
die Diele
die Dielen
dienen
er diente
der Dienstag
die Dienstage
dienstags
dies
dieselbe
diesig
diesmal
das Diktat
die Diktate
diktieren
sie diktierte
das Ding
die Dinge
der Dinosaurier
direkt

der Direktor
die Direktoren
der Dirigent
die Dirigenten
die Diskothek
die Diskotheken
die Diskussion
die Diskussionen
diskutieren
er diskutierte
die Distel
die Disteln
die Disziplin
die Disziplinen
dividieren
sie dividierte
die Division
die Divisionen

Do

doch
der Docht
die Dochte
der Doktor
die Doktoren
der Dolmetscher
der Dom
die Dome
der Donner 58
donnern 58
es donnerte
der Donnerstag

die Donnerstage
donnerstags
doppelt
das Doppelte
das Dorf
die Dörfer
der Dorn
die Dornen
dornig
dort
die Dose
die Dosen
dösen
sie döste
das Dotter (der)

Dr

der Drache
die Drachen
der Drachen
der Draht
die Drähte
dran
der Drang
die Drängelei
die Drängeleien
drängeln
er drängelte
drängen
sie drängte
draußen
der Dreck

dreckig
drehen
er drehte
die Drehung
die Drehungen
drei
das Dreieck
die Dreiecke
dreierlei
dreimal
dreißig
die Dressur
die Dressuren
dringend
drinnen
das Drittel
drittens
die Droge
die Drogen
die Drogerie
die Drogerien
der Drogist
die Drogisten
drohen
sie drohte
die Drohung
die Drohungen
die Drossel
die Drosseln
drüben
der Druck
die Drucke
drucken

er druckte
drücken
sie drückte
die Druckerei
die Druckereien
die Drüse
die Drüsen

Ds
der Dschungel

Du
du
der Dübel
der Duft
die Düfte
duften
sie duftete
dumm
die Dummheit
die Dummheiten
dumpf
die Düne 48
die Dünen
düngen
er düngte
der Dünger
die Düngung
dunkel
die Dunkelheit
dünn 34

der Dunst
die Dünste
dunstig 58
durch
durcheinander
der Durchfall
die Durchfälle
dürfen
er durfte
sie hat gedurft
dürr
die Dürre
die Dürren
der Durst
durstig
duschen 28
sie duschte
die Düse
die Düsen
das Düsenflug-
zeug 22
die Düsenflugzeuge
das Dutzend
die Dutzende
dutzendmal

Dy
das Dynamit
der Dynamo
die Dynamos

82

Ee

Eb
die Ebbe
die Ebben
eben
die Ebene
die Ebenen
ebenfalls
ebenso

Ec
das Echo
die Echos
echt
die Echtheit
die Ecke
die Ecken
eckig

Ed
edel
der Edelstein
die Edelsteine
das Edelweiß

Ef
der Efeu

Eg
egal

Eh
ehe
die Ehe
die Ehen
die Ehefrau 52
die Ehefrauen
der Ehemann 52
die Ehemänner
die Ehre
die Ehren
der Ehrgeiz 6
ehrgeizig
ehrlich
die Ehrlichkeit

Ei
das Ei 32
die Eier
die Eiche 54
die Eichen
die Eichel
die Eicheln 54
der Eichelhäher 54
das Eichhörnchen 54
der Eid
die Eide
die Eidechse
die Eidechsen

der Eifer
die Eifersucht
eifersüchtig
eifrig
eigen
eigenartig
die Eigenschaft
die Eigenschaften
eigensinnig
eigentlich
das Eigentum
die Eigentume
der Eigentümer
der Eilbrief 40
die Eilbriefe
die Eile
eilen
es eilte
eilig
der Eimer 10, 44
ein
einander
die Einbahnstraße
die Einbahnstraßen
der Einband
die Einbände
sich einbilden
  er bildete sich ein
die Einbildung
die Einbildungen
der Einbrecher
der Einbruch
die Einbrüche

83

eindeutig	die Einkaufswagen	einsteigen
der Eindruck	das Einkommen	→ steigen
die Eindrücke	einladen 18	einstimmig
eineinhalb	→ laden	einstmals
einerseits	die Einladung	der Einsturz
einfach	die Einladungen	die Einstürze
der Einfall	einmal	einstürzen
die Einfälle	das Einmaleins	→ stürzen
einfallen	einmalig	einstweilen
→ fallen	die Einnahme	eintreten
der Einfluß	die Einnahmen	→ treten
die Einflüsse	einnehmen	der Eintritt 46
der Eingang	→ nehmen	einverstanden
die Eingänge	einpacken	das Einverständnis
eingebildet	→ packen	einwandfrei
die Einheit	sich einrichten 60	einwerfen 40
die Einheiten	→ richten	→ werfen
einheitlich	die Einrichtung 60	der Einwohner
einhundert	die Einrichtungen	der Einwurf
einig sein	eins	die Einwürfe
sie waren einig	einsam 64	die Einzahl
einigemal	die Einsamkeit	einzeln
einige Male	einschalten 16	einzig
sich einigen	→ schalten	das Eis 58
sie einigten sich	einsehen	der Eisbär
einigermaßen	→ sehen	die Eisbären
die Einigung	einseitig	das Eisen
die Einigungen	die Einsicht	die Eisenbahn
der Einkauf	die Einsichten	die Eisenbahnen
die Einkäufe	einsilbig	eisern
einkaufen 12	einsperren	eisig
→ kaufen	er sperrte ein	eiskalt
der Einkaufswagen 12	einst	eitel

84

die Eitelkeit
die Eitelkeiten
der Eiter
   eitern 30
 es eiterte
   eit(e)rig

Ek
der Ekel
   ekelhaft
sich ekeln
  er ekelte sich
   ek(e)lig

El
   elastisch
der Elefant
die Elefanten
   elegant 26
der Elektriker
   elektrisch 14
die Elektrizität
   elektronisch 14
   elend
das Elend
   elf
die Elfe
die Elfen
der Ell(en)bogen
die Elster
die Elstern

die Eltern 52

Em
der Empfang
die Empfänge
   empfangen 40
 sie empfing
  er hat empfangen
der Empfänger 40
   empfehlen
  er empfahl
  sie hat empfohlen
   empfehlenswert
die Empfehlung
die Empfehlungen
   empfinden
  er empfand
  sie hat empfunden
   empfindlich
die Empfindung
die Empfindungen
   empor
sich empören
 sie empörte sich
   empörend
die Empörung
   emsig

En
das Ende
die Enden

   endgültig
   endlich
   endlos
die Energie
die Energien
   energisch
   eng 26
die Enge
die Engen
der Engel
der Enkel 52
die Enkelin 52
die Enkelinnen
   enorm
   entbinden
   → binden
die Entbindung
die Entbindungen
   entdecken
 er entdeckte
die Entdeckung
die Entdeckungen
die Ente 56
die Enten
   entfernen
 sie entfernte
die Entfernung
die Entfernungen
die Entführung
die Entführungen
   entgegen
   entscheiden 16
   → scheiden

die Entscheidung
die Entscheidungen
sich entschließen
→ schließen
entschlossen
der Entschluß
die Entschlüsse
sich entschuldigen
er entschuldigte sich
die Entschuldigung
die Entschuldigungen
entsetzlich
entsetzt
entstehen
es entstand
die Entstehung
enttäuschen
→ täuschen
enttäuscht
die Enttäuschung 64
die Enttäuschungen
entweder
entwickeln
→ wickeln
die Entwicklung
die Entwicklungen
der Entwurf
die Entwürfe
entzückend
entzünden
→ zünden

die Entzündung
die Entzündungen
entzwei

Er
der Erbe
die Erben
erben
er erbte
die Erbschaft
die Erbschaften
die Erbse
die Erbsen
die Erdbeere
die Erdbeeren
die Erde 38
das Erdgeschoß
die Erdgeschosse
das Erdöl 14
das Ereignis
die Ereignisse
erfahren
→ fahren
die Erfahrung
die Erfahrungen
erfinden
→ finden
der Erfinder
die Erfindung 14
die Erfindungen
der Erfolg
die Erfolge

erfolglos
erfolgreich 6
erfreulich
die Erfrischung
die Erfrischungen
ergänzen
sie ergänzte
die Ergänzung
die Ergänzungen
das Ergebnis
die Ergebnisse
sich erholen 30
→ holen
erholt
die Erholung
sich erinnern
sie erinnerte sich
die Erinnerung
die Erinnerungen
erkältet
die Erkältung 30
die Erkältungen
erkennen
→ kennen
erklären
er erklärte
die Erklärung
die Erklärungen
sich erkundigen
sie erkundigte sich
erlauben
er erlaubte
die Erlaubnis

86

erleben
→ leben
das Erlebnis
die Erlebnisse
erleichtert
ermahnen
→ mahnen
die Ermahnung
die Ermahnungen
die Ermäßigung
die Ermäßigungen
die Ernährung
ernst 46
der Ernst
ernsthaft
die Ernsthaftigkeit
die Ernte 8
die Ernten
ernten 8
sie erntete
der Eroberer
erobern
er eroberte
die Eroberung
die Eroberungen
der Erpresser
die Erpressung
die Erpressungen
erreichen
→ reichen
erscheinen
→ scheinen
die Erscheinung

die Erscheinungen
erschöpft 6
die Erschöpfung
erschrecken
er erschrak
sie ist erschrocken
erschüttert
die Erschütterung
die Erschütterungen
erst
das Erstaunen
erstaunlich
erstaunt
zum erstenmal
erstens
ersticken
sie erstickte
der Erstkläßler
ertrinken
→ trinken
der Erwachsene
die Erwachsenen
erwarten
→ warten
die Erwartung
die Erwartungen
erwidern
er erwiderte
die Erwiderung
die Erwiderungen
das Erz
die Erze
erzählen

→ zählen
die Erzählung
die Erzählungen
erziehen 24
→ ziehen
der Erzieher
die Erziehung

Es
die Esche
die Eschen
der Esel
eßbar
essen 18
er aß
sie hat gegessen
das Essen
der Essig 32
die Essige

Et
die Etage
die Etagen
das Etui
die Etuis
etwas

Eu
euch
euer

87

eure
die Eule
die Eulen
Europa
der Europäer
europäisch
das Euter

Ev
evangelisch

Ew
ewig
die Ewigkeit
die Ewigkeiten

Ex
das Examen
das Exemplar
die Exemplare
die Expedition
die Expeditionen
das Experiment
die Experimente
die Explosion
die Explosionen
extra

Ff

Fa
die Fabel
die Fabeln
fabelhaft
die Fabrik 6
die Fabriken
der Fabrikant
die Fabrikanten
das Fach
die Fächer
das Fachwerk
die Fackel
die Fackeln
der Faden
die Fäden
das Fagott
die Fagotte
fähig
die Fähigkeit
die Fähigkeiten
die Fahne
die Fahnen
die Fahrbahn 50
die Fahrbahnen
die Fähre 22
die Fähren
fahren 22
sie fuhr
er ist gefahren
der Fahrer

der Fahrplan 62
die Fahrpläne
das Fahrrad 22, 50
die Fahrräder
die Fahrt
die Fahrten
das Fahrzeug
die Fahrzeuge
fair
der Falke
die Falken
fallen
er fiel
sie ist gefallen
fällig
falls
falsch
fälschen
sie fälschte
der Fälscher
die Fälschung
die Fälschungen
die Falte
die Falten
der Falter
faltig
die Familie
die Familien
die Familienfeier 52
die Familienfeiern
fangen
er fing
sie hat gefangen

88

das Fangnetz 48	**Fe**	die Felder
die Fangnetze	der Februar	die Felge
die Farbe	die Feder 24	die Felgen
die Farben	die Federn	das Fell
färben	die Fee	die Felle
sie färbte	die Feen	der Fels(en) 48
farbig	fegen	die Felsen
die Färbung	sie fegte	felsig
die Färbungen	fehlen	das Fenster
die Farm	er fehlte	die Ferien
die Farmen	der Fehler 42	das Ferkel
der Farn 54	fehlerfrei	fern
die Farne	fehlerlos	die Ferne
der Fasan	die Feier	das Ferngespräch 40
die Fasane(n)	die Feiern	die Ferngespräche
der Fasching	feierlich	der Fernseh-
die Faschinge	die Feierlichkeit	apparat 16
die Faschings	die Feierlichkeiten	die Fernsehapparate
das Faß	feiern	das Fernsehen
die Fässer	sie feierte	fernsehen
fassen	feig(e)	→ sehen
sie faßte	der Feigling	der Fernseher
die Fassung	die Feiglinge	die Ferse
die Fassungen	die Feile	die Fersen
fast	die Feilen	fertig
die Fastnacht	fein	die Fessel
faul 42	der Feind	die Fesseln
faulenzen	die Feinde	fesseln
er faulenzte	feindlich	sie fesselte
die Faulheit	die Feindschaft 64	fest
die Faust	die Feindschaften	das Fest
die Fäuste	feindselig	die Feste
	das Feld 8	sich festhalten

89

→ halten
die Feststellung
die Feststellungen
fett 32
das Fett
die Fette
fettig
der Fetzen
feucht 58
die Feuchtigkeit
das Feuer
die Feuerstelle 20
die Feuerstellen
die Feuerwehr 20
die Feuerwehren
das Feuerwerk
die Feuerwerke
feurig

Fi
die Fibel
die Fibeln
die Fichte 54
die Fichten
das Fieber 30
fiebern
sie fieberte
fiebrig
der Film
die Filme
filmen
er filmte

der Filter
filtern
sie filterte
der Filzstift
die Filzstifte
finden
er fand
sie hat gefunden
der Finger 28
der Fink 54
die Finken
finster
die Finsternis
die Firma
die Firmen
die Firmung
die Firmungen
der Fisch
die Fische 24
der Fischer 48
das Fischerboot 48
die Fischerboote

Fl
flach
die Fläche
die Flächen
flackern 20
es flackerte
die Flagge
die Flaggen
die Flamme 20

die Flammen
die Flasche 12
die Flaschen
flatterhaft
flattern
sie flatterte
der Fleck(en)
die Flecken
fleckig
die Fledermaus
die Fledermäuse
der Flegel
flehen
er flehte
das Fleisch
der Fleischer
fleischig
die Fleischwaren 12
der Fleiß
fleißig 42
flicken
er flickte
der Flicken
der Flieder
die Fliege
die Fliegen
fliegen 22
sie flog
er ist geflogen
fliehen
er floh
sie ist geflohen
fließen 56

es floß
es ist geflossen
flink
die Flinte
die Flinten
flitzen
er flitzte
die Flocke
die Flocken
flockig
der Floh
die Flöhe
das Floß 22
die Flöße
die Flosse
die Flossen 48
die Flöte 36
die Flöten
flöten
sie flötete
flott
die Flotte
die Flotten
der Fluch
die Flüche
fluchen
er fluchte
die Flucht
die Fluchten
flüchtig
der Flüchtling
die Flüchtlinge
der Flug

die Flüge
der Flügel 24
das Flugzeug 14
die Flugzeuge
der Flur 60
die Flure
der Fluß 56
die Flüsse
flüssig
die Flüssigkeit
die Flüssigkeiten
flüstern
er flüsterte
die Flut
die Fluten

Fo

das Fohlen
folgen
er folgte
die Folie
die Folien
die Folter
die Foltern
foltern
sie folterte
der Fön 28
die Föne
fönen
er fönte
fordern
sie forderte

die Forderung
die Forderungen
die Forelle 56
die Forellen
die Form
die Formen
formen
sie formte
forschen
er forschte
der Forscher
die Forschung
die Forschungen
der Förster 54
fort
der Fortschritt 14
die Fortschritte
fortsetzen
→ setzen
die Fortsetzung
die Fortsetzungen
das Foto
die Fotos
der Fotoapparat
die Fotoapparate
der Fotograf
die Fotografen
fotografieren
sie fotografierte

91

Fr
die Frage
die Fragen
    fragen 34, 42
 er fragte
die Frau 34
die Frauen
das Fräulein
die Fräuleins
    frech
die Frechheit
die Frechheiten
    frei
 im Freien
    freigebig
    freihändig
die Freiheit
die Freiheiten
    freilich
der Freitag
die Freitage
    freitags
    freiwillig
die Freizeit 6
    fremd 34
der Fremde
die Fremden
die Fremde
die Fremdsprache 34
die Fremdsprachen
    fressen
 er fraß
 sie hat gefressen

die Freude 64
die Freuden
 sich freuen
 sie freute sich
    freudig
der Freund 64
die Freunde 18
die Freundin 64
die Freundinnen
    freundlich 64
die Freundschaft
die Freundschaften
der Friede(n) 64
die Frieden
der Friedhof
die Friedhöfe
    friedlich
    frieren
 er fror
 sie hat gefroren
    frisch 32
die Frische
der Friseur (Frisör)
die Friseure
  (Frisöre)
die Friseuse
die Friseusen
die Frist
die Fristen
    fristlos
die Frisur
die Frisuren
    froh

    fröhlich 18
die Fröhlichkeit
die Fröhlichkeiten
    fromm
die Frömmigkeit
der Frosch 56
die Frösche
der Frost
die Fröste
    frostig
die Frucht 38
die Früchte
    fruchtbar
    früh 62
    früher
    frühestens
das Frühjahr
der Frühling
das Frühstück

Fu
der Fuchs 54
die Füchse
    fühlen 28
 er fühlte
der Fühler
    führen
 sie führte
der Führerschein
die Führerscheine
die Führung
die Führungen

füllen
er füllte
der Füller 42
die Füllung
die Füllungen
das Fundament 10
die Fundamente
fünf
fünftens
fünfzehn
fünfzig
der Funke 20
die Funken
funken
es funkte
der Funker
funktionieren
es funktionierte
die Furche
die Furchen
die Furcht
furchtbar
sich fürchten
er fürchtete sich
fürchterlich
der Fuß 28
die Füße
der Fußball
die Fußbälle
das Futter 8
futtern
sie futterte
füttern 24

er fütterte
die Fütterung
die Fütterungen

Gg

Ga
die Gabe
die Gaben
die Gabel 32
die Gabeln
gackern
es gackerte
gähnen
sie gähnte
die Galerie
die Galerien
die Galle
die Gallen
der Galopp
die Galoppe
die Galopps
galoppieren
er galoppierte
der Gang
die Gänge
die Gangschaltung
die Gangschaltungen

der Gangster
die Gans 8
die Gänse
ganz
im ganzen
gänzlich
gar
gar nicht
die Garage
die Garagen
die Garantie
die Garantien
garantiert
die Garderobe 60
die Garderoben
die Gardine
die Gardinen
das Garn
die Garne
garstig
der Garten
die Gärten
der Gärtner
die Gärtnerei
die Gärtnereien
das Gas 14
die Gase
die Gasse
die Gassen
der Gast 18
die Gäste
die Gaststätte
die Gaststätten

93

der Gaumen
der Gauner

Ge
das Gebäck
die Gebäcke
das Gebäude
geben
er gab
sie hat gegeben
das Gebet
die Gebete
das Gebiet
die Gebiete
gebildet
der Gebildete
die Gebildeten
das Gebirge
gebirgig
das Gebiß
die Gebisse
geboren
das Gebot 50
die Gebote
gebrechlich
das Gebrüll
die Gebühr 40
die Gebühren
gebunden
die Geburt
die Geburten
der Geburtstag

die Geburtstage
das Gebüsch
die Gebüsche
das Gedächtnis
die Gedächtnisse
der Gedanke
die Gedanken
gedeihen
sie gedieh
er ist gediehen
das Gedicht
die Gedichte
das Gedränge
die Geduld
geduldig
geehrt
geeignet
die Gefahr
die Gefahren
gefährlich 20
das Gefälle
gefallen
er gefiel
sie hat gefallen
gefälligst
der Gefangene
die Gefangenen
das Gefängnis
die Gefängnisse
das Gefäß
die Gefäße
das Gefieder
gefiedert

das Geflügel
gefroren
das Gefühl
die Gefühle
gegen
die Gegend
die Gegenden
gegeneinander
der Gegensatz
die Gegensätze
gegenseitig
der Gegenstand
die Gegenstände
das Gegenteil
die Gegenteile
gegenüber
die Gegenwart 62
der Gegner
das Gehalt 6
die Gehälter
der Gehalt
die Gehalte
gehässig
das Gehege
geheim
das Geheimnis
die Geheimnisse
geheimnisvoll
gehen
er ging
sie ist gegangen
geheuer
der Gehilfe

94

die Gehilfen	gelehrig	gemütlich 60
das Gehirn	gelehrt	die Gemütlichkeit
die Gehirne	der Gelehrte	genau
das Gehör	die Gelehrten	die Genauigkeit
gehorchen	das Gelenk	genauso
sie gehorchte	die Gelenke	genehmigen
gehören	gelenkig	er genehmigte
es gehörte	gelingen	die Genehmigung
gehorsam	es gelang	die Genehmigungen
der Gehorsam	es ist gelungen	der General
die Gehorsamkeit	gelten	die Generäle
der Gehweg 50	es galt	die Generation
die Gehwege	es hat gegolten	die Generationen
die Geige 36	gemächlich	genial
die Geigen	das Gemälde	das Genick
die Geisel	gemäß	die Genicke
die Geiseln	gemein	das Genie
der Geist	die Gemeinde	die Genies
die Geister	die Gemeinden	genießen
geistig	die Gemeinheit	er genoß
der Geiz	die Gemeinheiten	sie hat genossen
geizig	gemeinsam 18, 64	genug
das Gelände		genügend
das Geländer	die Gemeinsamkeit	der Genuß
gelb 20	die Gemeinsam-	die Genüsse
gelblich	keiten	die Geographie
das Geld 12	die Gemeinschaft	geographisch
die Gelder	die Gemeinschaften	gerade 62
das Gelee (der)	die Gemse	geradeaus
die Gelees	die Gemsen	das Gerät
die Gelegenheit	das Gemüse 12	die Geräte
die Gelegenheiten	das Gemüt	geräumig
gelegentlich	die Gemüter	das Geräusch

die Geräusche
gerecht
die Gerechtigkeit
das Gerede
das Gericht
die Gerichte
gering
gern(e)
das Geröll
die Gerste 8
der Geruch
die Gerüche
das Gerücht 64
die Gerüchte
das Gerüst 10
die Gerüste
gesamt
die Gesamtschule
die Gesamtschulen
der Gesandte
die Gesandten
der Gesang
die Gesänge
das Gesäß
die Gesäße
geschafft
das Geschäft 6
die Geschäfte
geschäftlich
geschehen
es geschah
es ist geschehen
gescheit

das Geschenk
die Geschenke
die Geschichte
die Geschichten
geschickt 44
geschieden
das Geschirr
die Geschirre
das Geschlecht
die Geschlechter
geschlossen
der Geschmack
die Geschmäcke
geschmacklos
geschmackvoll
geschminkt
das Geschoß
die Geschosse
das Geschrei
geschützt 60
das Geschwätz
die Geschwindig-
keit 50
die Geschwindig-
keiten
die Geschwister 52
geschwollen
das Geschwür
die Geschwüre
der Geselle 6
die Gesellen
gesellig
die Gesellschaft

die Gesellschaften
das Gesetz
die Gesetze
gesetzlich
das Gesicht
die Gesichter
das Gespenst
die Gespenster
gespenstisch
das Gespräch 64
die Gespräche
gesprächig
die Gestalt
die Gestalten
das Geständnis
die Geständnisse
der Gestank
gestatten
er gestattete
gestehen
sie gestand
das Gestein
die Gesteine
das Gestell
die Gestelle
gestern 62
gestreift
das Gestrüpp
die Gestrüppe
gesund 24
die Gesundheit
das Getöse
das Getränk

96

die Getränke 12
das Getreide 8
das Gewächs
die Gewächse
die Gewalt
die Gewalten
   gewaltig
   gewalttätig
das Gewand
die Gewänder
   gewandt
das Gewässer
das Gewehr
die Gewehre
das Geweih
die Geweihe
die Gewerkschaft
die Gewerkschaften
das Gewicht
die Gewichte
der Gewinn
die Gewinne
   gewinnen
 er gewann
 sie hat gewonnen
der Gewinner
   gewiß
das Gewissen
   gewissenhaft 42
die Gewißheit
das Gewitter 58
   gewitt(e)rig
sich gewöhnen

sie gewöhnte sich
die Gewohnheit 34
die Gewohnheiten
   gewöhnlich
das Gewölbe
das Gewürz
die Gewürze 12
die Gezeiten 48

Gi

der Giebel
   gierig
   gießen 38
 er goß
 sie hat gegossen
das Gift
die Gifte
   giftig 14
der Gipfel
der Gips
die Gipse
   gipsen
 er gipste
die Giraffe
die Giraffen
die Girlande 18
die Girlanden
der Gischt (die) 48
die Gitarre 36
die Gitarren
das Gitter

Gl

der Glanz
   glänzen
 sie glänzte
   glänzend
das Glas 32
die Gläser
der Glaser
die Glaserei
die Glasereien
   glatt
die Glätte
die Glatze
die Glatzen
der Glaube
   glauben
 sie glaubte
   gläubig
   gleich
   gleichalt(e)rig
das Gleichgewicht
   gleichgültig 64
   gleichmäßig
   gleichzeitig
das Gleis
die Gleise
   gleiten 22
 er glitt
 sie ist geglitten
der Gletscher
das Glied 28
die Glieder
   gliedern

sie gliederte
die Gliederung
die Gliederungen
   glitzern
  es glitzerte
der Globus
die Globen
die Globusse
die Glocke
die Glocken
   glotzen
  er glotzte
das Glück
   glücklich
   glühen 20
  er glühte
   glühend
die Glut 20
die Gluten
   glutrot 20

Gn

die Gnade
die Gnaden
   gnädig

Go

das Gold
   golden
der Goldhamster 24
   goldig

die Gondel
die Gondeln
der Gong
die Gongs
   gönnen
  er gönnte
der Gönner
der Gorilla
die Gorillas
der Gott
die Götter
   göttlich

Gr

das Grab
die Gräber
   graben 10
 sie grub
  er hat gegraben
der Graben
die Gräben
der Grad 58
die Grade
der Graf
die Grafen
das Gramm
die Gramme
das Gras 38
die Gräser
   grasen
 sie graste
   gräßlich

der Grat
die Grate
die Gräte
die Gräten
   gratis
die Gratulation
die Gratulationen
   gratulieren
 sie gratulierte
   grau
das Grauen
   grauenvoll
   grausam 16
die Grausamkeit
die Grausamkeiten
   grausig
   greifen
  er griff
 sie hat gegriffen
der Greis
die Greise
   grell
die Grenze
die Grenzen
der Grieß
der Griff
die Griffe
der Grill 20
die Grills
die Grille
die Grillen
die Grimasse 46
die Grimassen

grimmig
grinsen
er grinste
die Grippe
die Grippen
grob
der Groll
grollen
sie grollte
groß 34
großartig
die Größe
die Größen
die Großeltern
die Großmutter 52
die Großmütter
größtenteils
der Großvater 52
die Großväter
die Grube
die Gruben
grübeln
er grübelte
grün
der Grund
die Gründe
gründlich
die Grundschule
die Grundschulen
die Gruppe
die Gruppen
grus(e)lig
der Gruß

die Grüße
grüßen 64
sie grüßte

Gu
gucken
er guckte
gültig
die Gültigkeit
das Gummi
die Gummis
günstig 12
gurgeln
sie gurgelte
die Gurke
die Gurken
der Gurt
die Gurte
der Gürtel 26
der Guß
die Güsse
gut
die Güte
gütig

Gy
das Gymnasium
die Gymnasien
die Gymnastik

Hh

Ha
das Haar
die Haare 28
haaren
er haarte
die Habe
haben
er hatte
sie hat gehabt
der Habicht
die Habichte
die Hacke 38
die Hacken
hacken
er hackte
der Hafen 48
die Häfen
der Hafer 8
die Haft
haften
sie haftete
der Häftling
die Häftlinge
der Hagel 58
hageln 58
es hagelte
hager
der Hahn 8
die Hähne

99

der Hai	hämmern	hartnäckig
die Haie	er hämmerte	der Hase
häkeln	der Hamster	die Hasen
er häkelte	die Hand 28	der Haß
der Haken	die Hände	hassen
halb	die Handarbeit 14	er haßte
halbieren	die Handarbeiten	häßlich 34
sie halbierte	der Handel	die Hast
die Halbzeit	handeln	hasten
die Hälfte	sie handelte	sie hastete
die Hälften	die Handlung 46	hastig
die Halle	die Handlungen	der Hauch
die Hallen	der Handschuh 26	die Hauche
hallo	die Handschuhe	hauchen
der Halm	das Handwerk	er hauchte
die Halme	die Handwerke	der Haufen
der Hals 28	der Handwerker 6	häufig
die Hälse	das Handzeichen 50	das Haupt
halt	der Hang	die Häupter
der Halt	die Hänge	die Hauptsache
die Halte	hängen	die Hauptsachen
die Halts	sie hing	die Hauptschule
halten 22	er hat gehangen	die Hauptschulen
er hielt	er hängte	das Haus 60
sie hat gehalten	sie hat gehängt	die Häuser
die Haltestelle	die Harfe	der Hausbau 10
die Haltestellen	die Harfen	die Hausbauten
die Haltung	die Harke	nach Hause
die Haltungen	die Harken	zu Hause
der Hammel	harken	hausen
die Hammel	sie harkte	sie hauste
der Hammer 10	harmlos	der Haushalt
die Hämmer	hart	die Haushalte

100

das Haustier 24
die Haustiere
die Haut
die Häute
die Hautfarbe 34
die Hautfarben

He
der Hebel
heben 10
er hob
sie hat gehoben
der Hecht 56
die Hechte
die Hecke
die Hecken
das Heer
die Heere
die Hefe
die Hefen
das Heft 42
die Hefte
heftig
die Heftigkeit
die Heide
die Heiden
das Heidekraut
die Heidelbeere
die Heidelbeeren
heil
heilen 30
sie heilte

heilig
der Heiligabend
der Heilige
die Heiligen
heilsam
die Heilung
die Heilungen
das Heim
die Heime
die Heimat
die Heimaten
heimelig
die Heimfahrt
die Heimfahrten
heimlich
der Heimweg
die Heimwege
das Heimweh
die Heirat
die Heiraten
heiraten 52
sie heiratete
heiser
die Heiserkeit
heiß 20, 58
heißen
er hieß
sie hat geheißen
heiter 46
die Heiterkeit
heizen
sie heizte
die Heizung

die Heizungen
der Held
die Helden
helfen 64
er half
sie hat geholfen
hell
die Helligkeit
der Helm
die Helme
das Hemd 26
die Hemden
hemmen
er hemmte
die Hemmung
die Hemmungen
die Henne
die Hennen
her
herab
heran
heraus
herbei
der Herbst
der Herd 32
die Herde
die Herden
herein
der Hering
die Heringe
die Herkunft
die Herkünfte
der Herr

101

die Herren	**Hi**	hinter
herrlich	hier	hinterher
die Herrschaft	hierauf	der Hintern 28
die Herrschaften	hieraus	hinterrücks
herrschen	hierdurch	hinüber
er herrschte	hierher	hinunter
der Herrscher	hierhin	hinweg
herstellen	hiermit	der Hinweis
→ stellen	die Hilfe	die Hinweise
herum	die Hilfen	hinzu
herunter	hilflos	das Hirn
hervor	hilfsbereit 64	die Hirne
hervorragend	die Hilfsbereitschaft	der Hirsch
das Herz	die Himbeere	die Hirsche
die Herzen	die Himbeeren	der Hirt(e)
herzlich	der Himmel	die Hirten
die Hetze	himmlisch	der Hit
die Hetzen	hin	die Hits
hetzen	hinab	die Hitze 20, 58
sie hetzte	hinauf	hitzefrei
das Heu 8	hinaus	
heulen	hindern	
er heulte	er hinderte	**Ho**
die Heuschrecke	das Hindernis	das Hobby
die Heuschrecken	die Hindernisse	die Hobbys
heute 62	der Hindu	der Hobel
die Hexe	die Hindus	hobeln
die Hexen	hinduistisch	sie hobelte
die Hexerei	hindurch	hoch 36
die Hexereien	hinein	das Hochhaus 60
	hinken	die Hochhäuser
	sie hinkte	der Hochmut
	hinten	hochmütig

102

die Hochschule	der Hohn	die Hotels
die Hochschulen	höhnisch	
höchstens	holen	**Hu**
das Hochwasser 56	er holte	hübsch 34
die Hochzeit	die Hölle	der Hubschrauber 22
die Hochzeiten	die Höllen	huckepack
hochziehen 10	höllisch	der Huf
→ ziehen	holp(e)rig	die Hufe
die Hocke	das Holz	das Hufeisen
die Hocken	die Hölzer	die Hüfte
hocken	hölzern	die Hüften
er hockte	holzig	der Hügel
der Hocker	die Holzkohle 20	hügelig
der Höcker	der Honig	das Huhn 8
das Hockey	der Hopfen	die Hühner
der Hoden	hoppla	die Hülle
der Hof	hopsen 44	die Hüllen
die Höfe	sie hopste	die Hülse
hoffen	hörbar	die Hülsen
sie hoffte	horchen	die Hummel
hoffentlich	er horchte	die Hummeln
die Hoffnung	hören 16, 28	der Humor
die Hoffnungen	sie hörte	humorlos
hoffnungslos	der Hörer	humorvoll
höflich	der Horizont	humpeln
die Höflichkeit	die Horizonte	er humpelte
die Höhe	das Horn	der Hund 24
die Höhen	die Hörner	die Hunde
der Höhepunkt	die Hornisse	hundert
die Höhepunkte	die Hornissen	hundertmal
hohl	die Hose 26	der Hunger
die Höhle 60	die Hosen	hungern
die Höhlen	das Hotel	

103

sie hungerte
  hungrig
die Hupe
die Hupen
  hupen 50
er hupte
  hüpfen 44
sie hüpfte
die Hürde
die Hürden
  hurra
  hurtig
  huschen 54
er huschte
  husten
sie hustete
der Husten
der Hut 26
die Hüte
  hüten
er hütete
die Hütte 60
die Hütten

Hy
die Hyazinthe
die Hyazinthen
der Hydrant
die Hydranten
die Hygiene
  hygienisch

Ii

Ic
ich

Id
  ideal
das Ideal
die Ideale
die Idee 18
die Ideen
der Idiot
die Idioten
  idiotisch

Ig
der Igel 54
das Iglu (der) 60
die Iglus

Ih
ihm
ihn
ihnen
ihr

Il
die Illustrierte
die Illustrierten

Im
im
der Imbiß
die Imbisse
der Imker
  immer
  immerhin
  impfen
sie impfte
die Impfung
die Impfungen
  imponieren
er imponierte
  imstande sein
sie war imstande

In
in
  indem
  indessen
der Indianer
die Industrie 14
die Industrien
  ineinander
die Infektion
die Infektionen
der Informatiker

104

die Information	intelligent	irrtümlich
die Informationen	die Intelligenz	
informieren 16	die Intelligenzen	**Is**
er informierte	interessant 16	der Islam
der Ingenieur	das Interesse	islamisch
die Ingenieure	die Interessen	
der Inhaber	sich interessieren	
der Inhalt	sie interessierte sich	
die Inhalte	das Internat	
das Inland	die Internate	# Jj
inmitten	international	
innen	das Interview	
das Innere	die Interviews	**Ja**
die Innereien	der Invalide	ja
innerhalb	die Invaliden	die Jacht
innerlich	inzwischen	die Jachten
das Insekt		die Jacke 26
die Insekten		die Jacken
die Insel 48	**Ir**	die Jagd
die Inseln	irgend	die Jagden
das Inserat	irgendein	jagen
die Inserate	irgendeiner	sie jagte
insgesamt	irgendwann	der Jäger
insofern	irgendwas	jäh
der Inspektor	irgendwie	das Jahr 62
die Inspektoren	die Ironie	die Jahre
der Installateur	die Ironien	die Jahreszeit
die Installateure	ironisch	die Jahreszeiten
der Instinkt	irr(e)	das Jahrhundert
die Instinkte	sich irren	die Jahrhunderte
instinktiv	er irrte sich	jährlich
das Instrument 36	der Irrtum	der Jähzorn
die Instrumente	die Irrtümer	

105

jähzornig
der Jammer
jämmerlich
jammern
er jammerte
der Januar
jäten
sie jätete
die Jauche
die Jauchen
jauchzen
er jauchzte
jaulen
sie jaulte
jawohl
der Jazz

Je
je
die Jeans
jede
jedenfalls
jeder
jedes
jedesmal
jedoch
der Jeep
die Jeeps
jemals
jemand
jene
jener

jenes
jenseits
Jesus
jetzt 62
jeweils

Jo
der Job
die Jobs
das Jod
jodeln
er jodelte
das Jogging
der Joghurt (das)
die Joghurts
die Johannisbeere
die Johannisbeeren
der Journalist
die Journalisten

Ju
der Jubel
jubeln
sie jubelte
das Jubiläum
die Jubiläen
jubilieren
er jubilierte
der Jude
die Juden
jüdisch

das Judo
die Jugend
jugendlich
der Jugendliche
die Jugendlichen
der Juli
jung 34
der Junge 34
die Jungen
der Junggeselle
die Junggesellen
die Junggesellin
die Junggesellinnen
der Juni
der Jupiter
der Jurist
die Juristen
der Juwelier
die Juweliere
der Jux

Kk

Ka
das Kabel
die Kabine
die Kabinen
die Kachel
die Kacheln

der Käfer
der Kaffee
der Käfig 24
die Käfige
kahl
der Kahn
die Kähne
der Kai
die Kais
die Kaimauer 48
der Kaiser
die Kaiserin
die Kaiserinnen
die Kajüte
die Kajüten
der Kakao
der Kaktus
die Kakteen
das Kalb
die Kälber
der Kalender 62
der Kalk
kalt 58
die Kälte 58
das Kamel
die Kamele
die Kamera
die Kameras
der Kamerad
die Kameraden
die Kameradschaft
der Kamin
die Kamine

der Kamm
die Kämme
kämmen 28
sie kämmte
die Kammer
die Kammern
der Kampf
die Kämpfe
kämpfen 44
er kämpfte
der Kanal 16
die Kanäle
der Kanarien-
vogel 24
die Kanarienvögel
der Kandidat
die Kandidaten
das Känguruh
die Känguruhs
das Kaninchen 24
der Kanister
die Kanne
die Kannen
der Kanon
die Kanons
die Kante
die Kanten
das Kanu
die Kanus
die Kanzel
die Kanzeln
der Kanzler
die Kapelle

die Kapellen
kapieren
sie kapierte
der Kapitän
die Kapitäne
das Kapitel
die Kappe
die Kappen
die Kapsel
die Kapseln
kaputt
die Kapuze
die Kapuzen
die Karawane
die Karawanen
kariert
die Karies
der Karneval
die Karnevale
die Karnevals
das Karo
die Karos
die Karosserie
die Karosserien
die Karotte
die Karotten
der Karpfen 56
der Karren
die Karriere
die Karrieren
die Karte
die Karten
die Kartoffel 8

die Kartoffeln
der Karton
die Kartons
das Karussell
die Karusselle
die Karussells
der Käse
die Kaserne
die Kasernen
der Kasper
die Kasse 12
die Kassen
die Kassette
die Kassetten
  kassieren
 sie kassierte
die Kastanie 54
die Kastanien
der Kasten
die Kästen
der Katalog
die Kataloge
der Katarrh
die Katastrophe
die Katastrophen
der Kater
der Katholik
die Katholiken
  katholisch
die Katze 8, 24
die Katzen
  kauen
 er kaute

der Kauf
die Käufe
  kaufen
 sie kaufte
der Käufer
die Kaufleute
der Kaugummi (das)
die Kaugummis
die Kaulquappe
die Kaulquappen
  kaum
der Kauz 54
die Käuze

Ke

  keck
der Kegel
  kegeln
 er kegelte
die Kehle
die Kehlen
  kehren
 sie kehrte
  keifen
 er keifte
der Keil
die Kcile
der Keim
die Keime
  keimen 38
 es keimte
der Keimling

die Keimlinge
  kein
  keine
  keiner
  keinerlei
  keinesfalls
der Keks (das)
die Kekse
der Kelch
die Kelche
die Kelle 10
die Kellen
der Keller 60
der Kellner
  kennen
 sie kannte
 er hat gekannt
das Kennzeichen
  kentern
 er kenterte
die Keramik
die Keramiken
der Kerl
die Kerle
der Kern
die Kerne
  kernig
die Kerze
die Kerzen
  kerzengerade
der Kessel
das Ketchup (der)
die Kette

die Ketten
keuchen
sie keuchte
der Keuchhusten
die Keule
die Keulen

Ki
kichern
er kicherte
kicken 44
sie kickte
der Kiefer
die Kiefer 54
die Kiefern
der Kiel
die Kiele
die Kieme
die Kiemen
der Kies 10
das Kilo
die Kilos
das Kilogramm
der Kilometer
das Kind
die Kinder
die Kindersendung 16
die Kindersendungen
das Kinderzimmer 60

die Kindheit
kindlich
das Kinn
die Kinne
das Kino
die Kinos
der Kiosk
die Kioske
kippen
er kippte
die Kirche
die Kirchen
die Kirmes
die Kirmessen
die Kirsche
die Kirschen
das Kissen
die Kiste
die Kisten
der Kitsch
der Kitt
die Kitte
der Kittel
das Kitz
die Kitze
kitz(e)lig
kitzeln
sie kitzelte

Kl
die Klage
die Klagen

klagen
er klagte
die Klammer
die Klammern
der Klang
die Klänge
die Klappe
die Klappen
klappen
es klappte
die Klapper
die Klappern
klappern
sie klapperte
klar
die Kläranlage
die Kläranlagen
die Klarinette
die Klarinetten
die Klasse 42
die Klassen
klatschen 36, 46
er klatschte
das Klavier 36
die Klaviere
kleben 42
sie klebte
klebrig
der Klebstoff
die Klebstoffe
kleckern
er kleckerte
der Klecks

109

die Kleckse
  klecksen
 sie kleckste
der Klee
das Kleid 26
die Kleider
die Kleidung
die Kleidungen
  klein 34
der Kleister
die Klemme
die Klemmen
  klemmen
 er klemmte
der Klempner
die Klette
die Kletten
  klettern 44
 sie kletterte
das Klettergerüst 44
die Klettergerüste
die Kletterstange
die Kletterstangen
das Klima
die Klimas
der Klimmzug
die Klimmzüge
  klimpern
 er klimperte
die Klinge
die Klingen
die Klingel
die Klingeln

  klingeln
 sie klingelte
  klingen 36
  es klang
  es hat geklungen
die Klinik
die Kliniken
die Klinke
die Klinken
  klipp und klar
das Klo
die Klos
  klopfen 36, 54
 er klopfte
das Klosett
die Klosetts
der Kloß
die Klöße
das Kloster
die Klöster
  klösterlich
der Klotz
die Klötze
der Klub
die Klubs
  klug
die Klugheit

Kn
  knabbern
 sie knabberte
der Knabe

die Knaben
das Knäckebrot
  knacken 54
 er knackte
der Knall
die Knalle
  knallen
  es knallte
  knallig
  knapp
der Knatsch
  knattern
  es knatterte
  knatternd
das Knäuel (der)
  knaus(e)rig
der Knecht
die Knechte
  kneifen
 sie kniff
 er hat gekniffen
die Kneipe
die Kneipen
  kneten
 er knetete
die Knetmasse
der Knick
die Knicke
  knicken
 er knickte
der Knicks
die Knickse
das Knie

110

knien
sie kniete
der Knirps
die Knirpse
knirschen
es knirschte
knistern 20
er knisterte
der Knoblauch
der Knöchel
der Knochen
die Knolle
die Knollen
der Knopf
die Knöpfe
die Knospe 38
die Knospen
der Knoten
knüpfen
sie knüpfte
der Knüppel
knurren
er knurrte
knurrig
knusp(e)rig

Ko
der Koch
die Köche
die Köchin
die Köchinnen
kochen 32

sie kochte
der Koffer
der Kohl
die Kohle 14
die Kohlen
der Kollege 6
die Kollegen
die Kollegin
die Kolleginnen
der Komet
die Kometen
der Komiker
komisch 16, 46
das Komma
die Kommas
die Kommata
kommandieren
er kommandierte
das Kommando
die Kommandos
kommen
sie kam
er ist gekommen
der Kommentar
die Kommentare
der Kommissar
die Kommissare
die Kommode
die Kommoden
die Kommunion
die Kommunionen
der Kompaß
die Kompasse

das Kompliment
die Komplimente
kompliziert
der Kompost
die Komposte
das Kompott
die Kompotte
der Konditor
die Konditoren
die Konditorei
die Konditoreien
das Konfetti
die Konfirmation
die Konfirmationen
der König

die Könige
die Königin
die Königinnen
können
er konnte
sie hat gekonnt
die Konserve
die Konserven 12
konservieren
sie konservierte
der Konsonant
die Konsonanten
der Kontakt
die Kontakte
der Kontinent
die Kontinente
das Konto

111

die Konten
die Kontrolle
die Kontrollen
   kontrollieren
 er kontrollierte
sich konzentrieren
 sie konzentrierte sich
das Konzert 36
die Konzerte
der Kopf 28
die Köpfe
   kopfüber
das Kopfweh
die Koppel
die Koppeln
der Korb 12
die Körbe
der Korken
das Korn
die Körner
der Körper
   kostbar
   kosten
 es kostete
die Kosten
   köstlich
das Kostüm 46
die Kostüme
das Kotelett
die Koteletts

Kr
   krabbeln
 er krabbelte
der Krach
die Kräche
   krachen
 es krachte
   krächzen
 sie krächzte
die Kraft
die Kräfte
das Kraftfahrzeug
die Kraftfahrzeuge
   kräftig
der Kragen
die Krägen
die Krähe
die Krähen
   krähen
 er krähte
die Kralle 24
die Krallen
der Kram
der Krampf
die Krämpfe
   krampfhaft
der Kran 10
die Kräne
   krank 24
der Kranke
die Kranken
das Krankenhaus 30
die Krankenhäuser

die Krankheit 30
die Krankheiten
der Kranz
die Kränze
der Krater
   kratzen
 sie kratzte
das Kraut
die Kräuter 38
die Krawatte
die Krawatten
der Krebs 48
die Krebse
die Kreide
die Kreiden
   kreidebleich
der Kreis
die Kreise
   kreischen
 er kreischte
der Kreisel
das Kreuz
die Kreuze
die Kreuzotter
die Kreuzottern
die Kreuzung 50
die Kreuzungen
   kriechen 44
 sie kroch
 er ist gekrochen
der Krieg 64
die Kriege
   kriegen

er kriegte	**Ku**	die Kündigung
der Krimi 16	der Kübel	die Kündigungen
die Krimis	die Küche 60	die Kundin
die Krippe	die Küchen	die Kundinnen
die Krippen	der Kuchen	künftig
die Kritik 16	die Kuchenform 32	die Kunst
die Kritiken	die Kuchenformen	die Künste
kritisch	der Kuckuck	der Künstler
kritisieren	die Kuckucke	künstlich
sie kritisierte	die Kugel	der Kunststoff
kritzeln	die Kugeln	die Kunststoffe
er kritzelte	kug(e)lig	kunterbunt
das Krokodil	die Kuh 8	das Kupfer
die Krokodile	die Kühe	die Kuppel
der Krokus	kühl 58	die Kuppeln
die Krokusse	kühlen	die Kur
die Krone	er kühlte	die Kuren
die Kronen	das Küken	die Kür
die Kröte 56	die Kulisse	die Küren
die Kröten	die Kulissen 46	die Kurbel
die Krücke	kullern	die Kurbeln
die Krücken	sie kullerte	kurbeln
der Krug	die Kultur	er kurbelte
die Krüge	die Kulturen	der Kürbis
der Krümel	der Kümmel	die Kürbisse
krumm	der Kummer	der Kurs
sich krümmen	kümmerlich	die Kurse
sie krümmte sich	sich kümmern	die Kurve
die Kruste	er kümmerte sich	die Kurven
die Krusten	der Kunde 12	kurvenreich
	die Kunden	kurz 36, 62
	kündigen	die Kürze
	sie kündigte	kürzlich

113

kurzsichtig
sich kuscheln
  sie kuschelte sich
der Kuß
die Küsse
  küssen
  er küßte
die Küste 48
die Küsten
die Kutsche
die Kutschen
  kutschieren
  sie kutschierte
der Kutter

Ll

La

das Labor
die Labore
die Labors
das Laboratorium
die Laboratorien
das Labyrinth
die Labyrinthe
  lächeln
  er lächelte
  lachen 18, 64
  sie lachte
  lächerlich

der Lachs
die Lachse
der Lack
die Lacke
  lackieren
  er lackierte
  laden
  sie lud
  er hat geladen
der Laden
die Läden
die Ladung
die Ladungen
die Lage
die Lagen
das Lager
das Lagerfeuer 20
  lahm
der Laib
die Laibe
der Laich 56
die Laiche
der Laie
die Laien
das Laken
die Lakritze
die Lakritzen
  lallen
  er lallte
das Lama
die Lamas
das Lamm
die Lämmer

die Lampe
die Lampen
der Lampion 18
die Lampions
das Land
die Länder
  landen 22
  sie landete
die Landschaft
die Landschaften
die Landung
die Landungen
der Landwirt
die Landwirte
die Landwirtschaft 8
  lang 36, 62
die Länge
die Längen
die Langeweile
  länglich
  langsam 22, 50
  längst
sich langweilen
  er langweilte sich
  langweilig 16
der Lappen
  läppisch
die Lärche
die Lärchen
der Lärm 14
  lärmen
  sie lärmte
die Larve

die Larven	die Läuse	ledig
lassen	lauschen	lediglich
er ließ	er lauschte	leer
sie hat gelassen	laut 36	die Leere
lässig	der Laut	leeren
das Lasso	die Laute	er leerte
die Lassos	läuten	legen
die Last	sie läutete	sie legte
die Lasten	lautlos	die Legende
lästern 64	lauwarm	die Legenden
sie lästerte	die Lava	der Lehm
lästig	die Laven	die Lehne
die Laterne	die Lawine	die Lehnen
die Laternen	die Lawinen	sich lehnen
die Latte		er lehnte sich
die Latten		lehren
das Laub 54	**Le**	sie lehrte
die Laube	leben 60	der Lehrer 42
die Lauben	er lebte	der Lehrling 6
der Lauch	das Leben	die Lehrlinge
lauern	lebendig 24	lehrreich 16
er lauerte	lebensgefährlich	der Leib
der Lauf	die Lebensmittel 12	die Leiber
die Läufe	die Leber	die Leiche
laufen 44	die Lebern	die Leichen
sie lief	lebhaft	leicht
er ist gelaufen	der Lebkuchen	die Leichtigkeit
laufend	leblos	der Leichtsinn
der Läufer	lecken	leichtsinnig
die Laune	sie leckte	44, 50
die Launen	lecker	das Leid
launisch	das Leder	leiden
die Laus	ledern	er litt

115

sie hat gelitten
das Leiden
   leidend
   leider
   leihen
sie lieh
 er hat geliehen
der Leim
die Leime
   leimen
 er leimte
die Leine
die Leinen
das Leinen
die Leinwand
die Leinwände
   leise 36
   leisten
sie leistete
die Leistung 6
die Leistungen
   leiten
 er leitete
die Leiter 10
die Leitern
die Leitung
die Leitungen
   lenken 22
sie lenkte
der Lenker
die Lenkung
der Leopard
die Leoparden

die Lerche
die Lerchen
   lernen 6, 42
 er lernte
   lesen 42
sie las
 er hat gelesen
der Leser
   leuchten
 es leuchtete
der Leuchter
der Leuchtturm 48
die Leuchttürme
   leugnen
 er leugnete
die Leute 64
das Lexikon 42
die Lexika
die Lexiken

Li

die Libelle 56
die Libellen
das Licht
die Lichter
   lichterloh 20
die Lichtung
die Lichtungen
das Lid
die Lider
   lieb
die Liebe

die Lieben
   lieben
sie liebte
   liebevoll
   lieblich
der Liebling
die Lieblinge
   lieblos
das Lied 36
die Lieder
   liederlich
   liefern
 er lieferte
die Lieferung
die Lieferungen
die Liege
die Liegen
   liegen
sie lag
 er hat gelegen
der Lift
die Lifte
   lila
die Lilie
die Lilien
die Limonade
die Limonaden
die Linde
die Linden
das Lineal 42
die Lineale
die Linie
die Linien

liniert
links 50
der Linkshänder
das Linoleum
die Linse
die Linsen
die Lippe
die Lippen
lispeln
er lispelte
die List
die Listen
die Liste
listig
der Liter

Lk
der Lkw 50
die Lkws

Lo
das Lob
die Lobe
loben
sie lobte
das Loch
die Löcher
löch(e)rig
die Locke
die Locken
locken

er lockte
locker 26
lockern
sie lockerte
der Löffel 32
logisch
der Lohn 6
die Löhne
lohnen
es lohnte
die Lok
die Loks
das Lokal
die Lokale
die Lokomotive
die Lokomotiven
das Los 18
die Lose
löschen 20
er löschte
lose
lösen
er löste
die Lösung
die Lösungen
das Lot 10
die Lote
der Lotse
die Lotsen
die Lotterie
die Lotterien
das Lotto
die Lottos

der Löwe
die Löwen
der Löwenzahn

Lu
die Lücke
die Lücken
lückenhaft
lückenlos
die Luft
die Lüfte
der Luftballon 18
die Luftballone
die Luftballons
lüften
sie lüftete

luftig
die Luftpost 40
das Luftschiff 22
die Luftschiffe
die Luftschlange 18
die Luftschlangen
die Lüftung
die Lüftungen
die Luftver-
   schmutzung 14
die Lüge
die Lügen
lügen
er log
sie hat gelogen

117

der Lügner
die Luke
die Luken
der Lümmel
der Lumpen
die Lunge
die Lungen
die Lupe
die Lupen
die Lust
die Lüste
    lustig 16, 18, 46
    lutschen
 sie lutschte
der Lutscher
der Luxus

Mm

Ma
    machen
 er machte
die Macht
die Mächte
    mächtig
das Mädchen 34
die Made
die Maden
    madig

die Magd
die Mägde
der Magen
die Mägen
    mager 32
der Magnet
die Magnete
    magnetisch
der Mähdrescher
    mähen 8
 sie mähte
das Mahl
die Mahle
die Mähler
    mahlen
 er mahlte
 sie hat gemahlen
die Mahlzeit 32
die Mahlzeiten
die Mähne
die Mähnen
    mahnen
 sie mahnte
die Mahnung
die Mahnungen
der Mai
das Maiglöckchen
der Maikäfer
der Mais 8
die Majestät
die Majestäten
    majestätisch
die Majonäse

die Majonäsen
der Makel
    makellos
der Makler
    malen 42
 er malte
der Maler
die Malerei
die Malereien
    malnehmen
    → nehmen
der Malstift 42
die Malstifte
das Mammut
die Mammute
die Mammuts
    mampfen
 sie mampfte
der Manager
    manche
    mancher
    mancherlei
    manches
    manchmal
die Mandarine
die Mandarinen
die Mandel
die Mandeln
die Manege
die Manegen
der Mangel
die Mängel
    mangelhaft

die Manieren
  manierlich
der Mann 34
die Männer
  männlich
die Mannschaft
die Mannschaften
  manschen
 er manschte
der Mantel 26
die Mäntel
das Manuskript
die Manuskripte
das Mäppchen 42
die Mappe
die Mappen
das Märchen
der Marder
die Margarine
die Margarinen
die Margerite
die Margeriten
der Marienkäfer
die Marine
die Marinen
die Marionette
die Marionetten
das Mark
die Mark
die Marke
die Marken
  markieren
sie markierte

der Markt
die Märkte
die Marmelade
die Marmeladen
der Marmor
der Mars
der Marsch
die Märsche
  marschieren
 er marschierte
der März
das Marzipan
die Marzipane
die Masche
die Maschen
die Maschine 14
die Maschinen
die Masern
die Maske 46
die Masken
sich maskieren
 sie maskierte sich
das Maß
die Maße
die Masse
die Massen
  massenhaft
  massieren
 er massierte
  mäßig
der Maßstab
die Maßstäbe
der Mast

die Maste(n)
die Mast
die Masten
  mästen 8
 sie mästete
das Match
die Matchs
das Material
die Materialien
die Mathematik
der Mathematiker
  mathematisch
die Matratze
die Matratzen
der Matrose
die Matrosen
der Matsch
  matschig
  matt
die Matte
die Matten
die Mauer 10
die Mauern
  mauern
 er mauerte
das Maul
die Mäuler
  maulen
 sie maulte
der Maulwurf
die Maulwürfe
  maunzen
 er maunzte

119

der Maurer 10
die Maus
die Mäuse
    mäuschenstill
    mausetot

Me
der Mechaniker
    mechanisch
    meckern
sie meckerte
die Medaille
die Medaillen
das Medikament
die Medikamente
die Medizin
die Medizinen
    medizinisch
das Meer 56
die Meere
das Meer-
    schweinchen 24
das Mehl 32
    mehlig
    mehr
    mehrere
    mehrfach
die Mehrheit
die Mehrheiten
    mehrmals
    mehrstimmig
die Mehrzahl

    meiden
er mied
sie hat gemieden
die Meile
die Meilen
    mein
    meine
    meinen
sie meinte
    meinerseits
    meinetwegen
die Meinung
die Meinungen
die Meise 54
die Meisen
der Meißel
    meißeln
er meißelte
    meist
am meisten
    meistens
der Meister 6
    meisterhaft
die Meisterschaft
die Meisterschaften
    melden
sie meldete
die Meldung
die Meldungen
    melken 8
er molk
sie hat gemolken
die Melodie

die Melodien
    melodisch
die Melone
die Melonen
die Menge
die Mengen
der Mensch
die Menschen
die Menschheit
    menschlich 34
das Menü
die Menüs
    merken
sie merkte
    merklich
das Merkmal
die Merkmale
der Merkur
    merkwürdig
die Messe
die Messen
    messen
er maß
sie hat gemessen
das Messer 32
das Meßgerät
die Meßgeräte
das Messing
das Metall
die Metalle
der Meteor
die Meteore
der Meter (das)

der Meter (das)
die Methode
die Methoden
der Metzger
die Metzgerei
die Metzgereien
die Meute
die Meuten
die Meuterei
die Meutereien
der Meuterer
    meutern
sie meuterte

Mi
    miauen
er miaute
    mich
    mick(e)rig
die Mickymaus
die Mickymäuse
der Mief
die Miene
die Mienen
    mies
die Miete 60
die Mieten
    mieten
sie mietete
der Mieter
das Mikrofon
die Mikrofone

das Mikroskop
die Mikroskope
die Milch 8, 32
    milchig
die Milchstraße
der Milchzahn
die Milchzähne
    mild
die Milde
das Militär
die Milliarde
die Milliarden
der Millimeter
die Million
die Millionen
der Millionär
die Millionäre
die Milz
die Milzen
die Minderheit
die Minderheiten
    minderjährig
    minderwertig
    mindestens
die Mine
die Minen
das Mineralwasser
die Mineralwässer
    Minigolf
der Minister
der Ministrant
die Ministranten
    minus

die Minute 62
die Minuten
    mir
die Mirabelle
die Mirabellen
    mischen
er mischte
die Mischung
die Mischungen
    miserabel
    mißachten
sie mißachtete
die Mißachtung
der Mißerfolg 6
die Mißerfolge
die Mißernte
die Mißernten
das Mißgeschick
die Mißgeschicke
    mißhandeln
    → handeln
die Mission
die Missionen
der Missionar
die Missionare
    mißlingen
es mißlang
es ist mißlungen
das Mißtrauen
    mißtrauisch 34
das Mißverständnis
die Mißverständnisse

der Mist 8
mit
die Mitarbeit
mitbringen
→ bringen
das Mitbringsel
miteinander 18
mitfahren
→ fahren
der Mitfahrer
das Mitglied
die Mitglieder
mitkommen
→ kommen
der Mitlaut
das Mitleid 34
mitleidig
der Mitschüler
mitspielen
→ spielen
der Mitspieler
der Mittag
die Mittage
mittags 62
die Mitte
die Mitten
mitteilen
→ teilen
die Mitteilung
die Mitteilungen
das Mittel
das Mittelalter
mittelmäßig

der Mittelpunkt
die Mittelpunkte
mittendrin
die Mitternacht
mittlerweile
der Mittwoch
die Mittwoche
mittwochs
der Mitwisser
mixen
er mixte
der Mixer

Mo
die Möbel 60
mobil
möblieren
sie möblierte
die Mode 26
die Moden
das Modell
die Modelle
mod(e)rig
modern
es moderte
modisch 26
das Mofa
die Mofas
mogeln
sie mogelte
mögen
er mochte

sie hat gemocht
möglich
die Möglichkeit
die Möglichkeiten
möglichst
der Mohammedaner
mohammeda-
nisch
der Mohn
die Möhre
die Möhren
der Mohrenkopf
die Mohrenköpfe
die Mohrrübe
die Mohrrüben
der Molch
die Molche
die Molkerei
die Molkereien
mollig
der Moment
die Momente
die Monarchie
die Monarchien
der Monat 62
die Monate
monatelang
monatlich
der Mönch
die Mönche
der Mond
die Monde
die Mondsichel

122

das Monster	er morste	mühelos
der Montag	der Mörtel 10	sich mühen
die Montage	das Mosaik	er mühte sich
montags	die Mosaiken	die Mühle
der Monteur	die Moschee	die Mühlen
die Monteure	die Moscheen	mühsam
montieren	der Most	die Mulde
sie montierte	die Moste	die Mulden
das Moor 56	das Motiv	der Müll
die Moore	die Motive	der Mülleimer
moorig	der Motor 14	der Müller
das Moos 54	die Motoren	die Multiplikation
die Moose	das Motorrad 22, 50	die Multiplikationen
moosig	die Motorräder	multiplizieren
das Moped	die Motte	sie multiplizierte
die Mopeds	die Motten	die Mumie
die Moral	motzen	die Mumien
moralisch	sie motzte	der Mumps
der Morast	motzig	der Mund 28
die Moraste	die Möwe 48	die Münder
die Moräste	die Möwen	die Mundart
morastig		die Mundarten
der Mord		münden
die Morde	**Mu**	er mündete
der Mörder	die Mücke	mündlich
mörderisch	die Mücken	die Mündung
morgen 62	mucks-	die Mündungen
der Morgen	mäuschenstill	die Munition
morgendlich	müde 30	die Munitionen
das Morgengrauen	die Müdigkeit	munkeln
morgens 62	muffig	sie munkelte
morsch	die Mühe	munter
morsen	die Mühen	die Münze

123

die Münzen
  mürbe
die Murmel
die Murmeln
  murmeln
 er murmelte
das Murmeltier
die Murmeltiere
  murren
 sie murrte
  mürrisch
das Mus
die Muse
die Muschel 48
die Muscheln
das Museum
die Museen
die Musik 18, 46
die Musiken
  musikalisch
der Musikant
die Musikanten
der Musiker
  musizieren
 er musizierte
der Muskel
die Muskeln
  muskulös
die Muße
  müssen
 sie mußte
 er hat gemußt
  müßig

das Muster
der Mut
  mutig 44
  mutlos
die Mutlosigkeit
die Mutprobe
die Mutproben
die Mutter 52
die Mütter
  mütterlich
das Muttermal
die Muttermale
  mutter-
  seelenallein
  mutwillig
die Mütze 26
die Mützen

Nn

Na
der Nabel
  nach
  nachahmen
 er ahmte nach
die Nachahmung
die Nachahmungen
der Nachbar 64
die Nachbarn
die Nachbarin 64

die Nachbarinnen
die Nachbarschaft
  nachdem
  nachdenken
  → denken
  nachdenklich
  nachdrücklich
  nacheinander
die Nacherzählung
die Nach-
  erzählungen
der Nachfolger
  nachgeben
  → geben
  nachgiebig
  nach Hause
  nachher
die Nachhilfe
die Nachhilfen
  nachholen
  → holen
  nachlässig
der Nachmittag
die Nachmittage
  nachmittags 62
die Nachricht 40
die Nachrichten 16
  nachschlagen
  → schlagen
  nachsichtig
die Nachspeise
die Nachspeisen
der Nächste

die Nächsten	nähen	die Nashörner
die Nacht	sie nähte	naß 58
die Nächte	sich nähern	die Nässe
der Nachteil	er näherte sich	naßkalt
die Nachteile	sich nähren	die Nation
die Nachtigall	sie nährte sich	die Nationen
die Nachtigallen	nahrhaft	die Natter
der Nachtisch	die Nahrung	die Nattern
die Nachtische	das Nahrungsmittel	die Natur
nächtlich	die Naht	die Naturen
nachtragend	die Nähte	natürlich
nachträglich	naiv	
nachts 62	der Name 64	
der Nachttisch	die Namen	**Ne**
die Nachttische	namens	der Nebel 58
der Nacken	nämlich	neb(e)lig 58
nackend	der Napf 24	neben
nackt	die Näpfe	nebenan
die Nadel	die Narbe	nebenbei
die Nadeln	die Narben	
der Nagel	die Narkose 30	nebeneinander
die Nägel 28	die Narkosen	nebenher
nageln	der Narr	die Nebensache
sie nagelte	die Narren	die Nebensachen
nagelneu	närrisch	nebensächlich
nagen	die Narzisse	necken
er nagte	die Narzissen	sie neckte
das Nagetier	naschen	neckisch
die Nagetiere	er naschte	der Neffe 52
nah(e)	die Nase 28	die Neffen
näher	die Nasen	das Negativ
die Nähe	naseweis	die Negative
nahebei	das Nashorn	nehmen

125

er nahm
sie hat genommen
der Neid
neidisch
sich neigen
er neigte sich
die Neigung
die Neigungen
nein
die Nelke
die Nelken
nennen
sie nannte
er hat genannt
der Neptun
der Nerv
die Nerven
nervös 46
das Nest 54
die Nester
nett
das Netz
die Netze
neu 26
der Neubau
die Neubauten
neuerdings
die Neugier(de)
neugierig 42
die Neuigkeit
die Neuigkeiten
das Neujahr

neulich
neun
neunzehn
neunzig
neutral

Ni
nicht
die Nichte 52
die Nichten
nichts
der Nicht-
schwimmer
nicken
er nickte
nie
nieder
niedergeschlagen
der Niederschlag
die Niederschläge
niedlich
niedrig
niemals
niemand
die Niere
die Nieren
nieseln
es nieselte
niesen
sie nieste
die Niete
die Nieten

der Nikolaus
die Nikoläuse
das Nikotin
das Nilpferd
die Nilpferde
nippen
er nippte
nirgends
nirgendwo
die Nische
die Nischen
die Nixe
die Nixen

No
nobel
noch
noch einmal
nochmals
der Nomade
die Nomaden
die Nonne
die Nonnen
der Norden
nördlich
nordöstlich
der Nordpol
die Nordsee
nordwärts
nörgeln
sie nörgelte
die Norm

die Normen
normal
die Not
die Nöte
der Notar
die Notare
notdürftig
die Note 36
die Noten
notieren
er notierte
nötig
die Notiz
die Notizen
der Notruf
die Notrufe
notwendig
die Notwendigkeit
die Notwendig-
keiten
der Nougat (das)
die Nougats
der November

Nu
im Nu
nüchtern
die Nudel
die Nudeln 32
null
die Null
die Nullen

numerieren
sie numerierte
die Nummer
die Nummern
nun
nur
die Nuß
die Nüsse
nutzen
er nutzte
nützen
es nützte
der Nutzen
nützlich
nutzlos

Ny
das Nylon

Oo

Oa
die Oase
die Oasen

Ob
ob

obdachlos
der Obdachlose
die Obdachlosen
oben
obenan
obenauf
der Ober
die Oberfläche
die Oberflächen
oberflächlich
oberhalb
obgleich
das Objekt
die Objekte
die Oblate
die Oblaten
die Oboe
die Oboen
das Obst 12
der Obstbaum 38
die Obstbäume
obwohl

Oc
der Ochse
die Ochsen

Od
öde
oder

127

Of
der Ofen 14
die Öfen
  offen
  offenbar
die Offenheit
  offenherzig
  offensichtlich
  öffentlich
die Öffentlichkeit
der Offizier
die Offiziere
  öffnen
sie öffnete
die Öffnung
die Öffnungen
  oft
  öfter
  oftmals

Oh
oh
ohne
ohne weiteres
die Ohnmacht
die Ohnmachten
  ohnmächtig
  oho
das Ohr 28
die Ohren
die Ohrfeige
die Ohrfeigen

Oj
oje
ojemine

Ok
okay
die Ökologie
die Oktave
die Oktaven
der Oktober

Ol
das Öl 32
die Öle
der Oldtimer
  ölen
er ölte
  ölig
die Olive
die Oliven
die Ölpest 56
die Ölpesten
die Olympiade
die Olympiaden
die Olympischen
  Spiele

Om
das Omelett
die Omelette
die Omeletts
der Omnibus 22, 50
die Omnibusse

On
der Onkel 52

Op
die Oper
die Opern
die Operation 30
die Operationen
  operieren
sie operierte
das Opfer
sich opfern
er opferte sich
die Opposition
die Oppositionen
die Optik
der Optiker
  optisch

Or
  orange 20
die Orange
die Orangen

der Orang-Utan
die Orang-Utans
das Orchester 36
der Orden
   ordentlich
   ordinär
   ordnen
sie ordnete
der Ordner
die Ordnung
die Ordnungen
   ordnungsliebend
das Organ
die Organe
die Organisation
die Organisationen
der Organist
die Organisten
die Orgel
die Orgeln
der Orient
sich orientieren
  er orientierte sich
die Orientierung
das Original
die Originale
   originell
der Orkan 58
die Orkane
das Ornament
die Ornamente
der Ort
die Orte

   örtlich
die Ortschaft
die Ortschaften
das Ortsgespräch 40
die Ortsgespräche
   ortskundig

Os
die Öse
die Ösen
der Osten
das Osterei
die Ostereier
   österlich
   Ostern
   östlich
die Ostsee
   ostwärts

Ov
   oval
der Overall
die Overalls

Oz
der Ozean
die Ozeane

Pp

Pa
das Paar
die Paare
ein paarmal
die Pacht
die Pachten
der Pächter
das Päckchen 40
   packen 40
sie packte
die Packung
die Packungen
das Paddel
   paddeln
  er paddelte
das Paket 40
die Pakete
der Palast
die Paläste
die Palme
die Palmen
die Pampelmuse
die Pampelmusen
die Panik
die Paniken
   panisch
die Panne
die Pannen
das Panorama
die Panoramen

der Panther	die Parlamente	die Patinnen
der Pantoffel	die Parole	die Patrone
der Panzer 24	die Parolen	die Patronen
der Papagei	die Partei	patschnaß
die Papageien	die Parteien	der Patzer
das Papier	parteiisch	die Pauke
die Papiere	das Parterre	die Pauken
die Pappe	der Partner	pauken
die Pappen	die Party	er paukte
die Pappel	die Parties	der Pauker
die Pappeln	die Partys	die Pause 6, 46
der Paprika	der Paß	die Pausen
die Paprikas	die Pässe	pausen
der Papst	der Passagier	sie pauste
die Päpste	die Passagiere	der Pavian
das Paradies	passen	die Paviane
die Paradiese	es paßte	
der Paragraph	passieren	**Pe**
die Paragraphen	es passierte	das Pech
parallel	passiv	die Peche
die Parallele	die Paste	der Pechvogel
die Parallelen	die Pasten	die Pechvögel
der Parasit	der Pastor	das Pedal
die Parasiten	die Pastoren	die Pedale
das Pärchen	der Pate	der Pegel
das Parfüm	die Paten 52	peilen
die Parfüme	das Patenkind	sie peilte
die Parfüms	die Patenkinder	die Pein
der Park	das Patent	peinigen
die Parks	die Patente	er peinigte
parken 50	der Patient 30	der Peiniger
sie parkte	die Patienten	peinlich 34
das Parlament	die Patin	

130

die Peitsche
die Peitschen
die Pelle
die Pellen
pellen
sie pellte
der Pelz
die Pelze
das Pendel
der Pendler
der Penis
die Penisse
die Pension 6
die Pensionen
perfekt
das Pergament
die Pergamente
die Periode
die Perioden
die Perle
die Perlen
die Person
die Personen
persönlich
die Persönlichkeit
die Persönlichkeiten
die Perücke
die Perücken
die Pest
die Petersilie
die Petersilien
das Petroleum 14
petzen

er petzte

Pf
der Pfad
die Pfade
der Pfahl
die Pfähle
das Pfand
die Pfänder
die Pfanne 32
die Pfannen
der Pfarrer
der Pfau
die Pfauen
der Pfeffer 32
die Pfefferminze
die Pfeife
die Pfeifen
pfeifen 36
sie pfiff
er hat gepfiffen
der Pfeil
die Pfeile
der Pfeiler
der Pfennig
die Pfennige
das Pferd 8, 22
die Pferde
der Pfiff
die Pfiffe
pfiffig
Pfingsten

der Pfirsich
die Pfirsiche
die Pflanze
die Pflanzen
pflanzen 38
er pflanzte
das Pflaster 30
pflastern
sie pflasterte
die Pflaume
die Pflaumen
die Pflege
pflegen 24
er pflegte
die Pflicht
die Pflichten
der Pflock
die Pflöcke
pflücken
sie pflückte
der Pflug
die Pflüge
pflügen 8
er pflügte
die Pforte
die Pforten
der Pförtner
der Pfosten
die Pfote 24
die Pfoten
der Pfropfen
das Pfund
die Pfunde

131

der Pfusch
    pfuschen
sie pfuschte
die Pfütze
die Pfützen

Ph
die Phantasie
die Phantasien
    phantasieren
er phantasierte
    phantastisch
die Phase
die Phasen
die Physik
    physikalisch

Pi
der Pickel
    picken
sie pickte
das Picknick
die Picknicke
die Picknicks
    piepen
es piepte
die Pille
die Pillen
der Pilot
die Piloten
der Pilz 54

die Pilze
der Pinguin
die Pinguine
der Pinsel 42
    pinseln
er pinselte
die Pinzette
die Pinzetten
der Pirat
die Piraten
    pirschen
sie pirschte
die Piste
die Pisten
die Pistole
die Pistolen
    pitschnaß
die Pizza
die Pizzas
die Pizzen

Pk
der Pkw
die Pkws

Pl
die Plage
die Plagen
sich plagen
    er plagte sich
das Plakat

die Plakate
die Plakette
die Plaketten
der Plan
die Pläne
    planen
sie plante
der Planet
die Planeten
    planlos
    planschen
er planschte
die Plantage
die Plantagen
    plappern
sie plapperte
das Plastik
die Plastik
die Plastiken
die Platane
die Platanen
    plätschern 56
es plätscherte
    platt
die Platte
die Platten
    plätten
er plättete
der Platz
die Plätze
das Plätzchen
    platzen
sie platzte

132

die Plauderei
die Plaudereien
plaudern
er plauderte
die Pleite
die Pleiten
die Plombe
die Plomben
plötzlich
plump
der Plumps
der Plunder
plündern
sie plünderte
der Plural
die Plurale
plus
der Pluto

Po

der Po
die Pos
pochen
er pochte
die Pocke
die Pocken
das Podium
die Podien
das Poesiealbum
die Poesiealben
der Pokal
die Pokale

der Pol
die Pole
polieren
sie polierte
die Politik
der Politiker
politisch
die Polizei
der Polizist 50
die Polizisten
das Polster
polstern
er polsterte
poltern
sie polterte
die Pommes frites
das Pony
die Ponys
das Popcorn
die Popmusik
die Pore
die Poren
das Portemonnaie
die Portemonnaies
der Portier
die Portiers
die Portion
die Portionen
das Porto
die Porti
die Portos
das Porträt
die Porträts

das Porzellan
die Porzellane
die Posaune
die Posaunen
positiv
die Post
das Postamt 40
die Postämter
der Postbote
die Postboten
die Postkarte 40
die Postkarten
das Poster
die Postleitzahl 40
die Postleitzahlen
der Posten

Pr

die Pracht

prächtig
prachtvoll
das Prädikat
die Prädikate
prägen
er prägte
prahlen
sie prahlte
der Praktikant
die Praktikanten
praktisch 60
die Praline

133

die Pralinen	der Prinz	protestantisch
prall	die Prinzen	protestieren
die Pranke	das Prinzip	er protestierte
die Pranken	die Prinzipien	der Proviant
die Prärie	die Prise	das Prozent
die Prärien	die Prisen	die Prozente
der Präsident	privat	der Prozeß
die Präsidenten	die Probe 46	die Prozesse
prasseln 20	die Proben	prüfen
es prasselte	proben 46	sie prüfte
die Praxis	er probte	die Prüfung
die Praxen	probieren	die Prüfungen
predigen	sie probierte	der Prügel
er predigte	das Problem	prügeln
die Predigt	die Probleme	er prügelte
die Predigten	der Profi	prusten
der Preis 12, 18	die Profis	sie prustete
die Preise	das Programm 16	
die Preiselbeere	die Programme	
die Preiselbeeren	der Projektor	**Ps**
preiswert 12	die Projektoren	der Psalm
prellen	prompt	die Psalmen
sie prellte	das Pronomen	
die Prellung	die Pronomina	
die Prellungen	der Propeller	**Pu**
die Presse	der Prophet	die Pubertät
die Pressen	die Propheten	das Publikum
pressen	der Prospekt	der Pudding
er preßte	die Prospekte	die Puddinge
der Priester	der Protest	die Puddings
prima	die Proteste	pudelwohl
die Primel	der Protestant	der Puder
die Primeln	die Protestanten	der Puffer

134

der Pulli
die Pullis
der Pullover 26
der Puls
die Pulse
das Pult
die Pulte
das Pulver
die Pumpe
die Pumpen
der Punkt
die Punkte
pünktlich
die Pünktlichkeit
die Pupille
die Pupillen
die Puppe
die Puppen
pur
purzeln
er purzelte
die Puste
pusten
sie pustete
putzen
er putzte
putzig
die Putzmittel 12
das Puzzle
die Puzzles

Py
der Pyjama
die Pyjamas
die Pyramide
die Pyramiden

Qq

Qua
das Quadrat
die Quadrate
quaken
es quakte
die Qual
die Qualen
quälen
sie quälte
die Qualität
die Qualitäten
die Qualle 48
die Quallen
der Qualm 14, 20
qualmen
es qualmte
qualvoll
der Quark
das Quartett
die Quartette
das Quartier
die Quartiere

der Quarz
die Quarze
quasseln
er quasselte
der Quatsch
quatschen
sie quatschte

Que
das Quecksilber
die Quelle 56
die Quellen
quellen
es quoll
es ist gequollen
quer
querfeldein
quetschen
er quetschte
die Quetschung
die Quetschungen

Qui
quieken
es quiekte
quietschen
es quietschte
die Quitte
die Quitten
die Quittung
die Quittungen

135

das Quiz

Rr

Ra
der Rabe
die Raben
  rabiat
die Rache
der Rachen
sich rächen
 sie rächte sich
das Rad 14
die Räder
der Radar (das)
die Radare
der Radau
  radeln
 er radelte
der Radfahrer
  radfahren
 sie fuhr Rad
 er ist radgefahren
  radieren
 er radierte
der Radiergummi 42
die Radiergummis
das Radieschen 38
  radikal
das Radio

die Radios
  raffen
 sie raffte
  raffiniert
  ragen
 es ragte
der Rahm
der Rahmen
die Rakete 22
die Raketen
  rammen
 sie rammte
die Ranch
die Ranch(e)s
der Rand
die Ränder
der Rang
die Ränge
  rangieren
 er rangierte
die Ranke
die Ranken
der Ranzen
  ranzig
  rar
  rasch
  rascheln 54
 es raschelte
  rasen 50
 sie raste
der Rasen
  rasend
die Raserei

sich rasieren
 er rasierte sich
die Rasse
die Rassen
die Rassel 36
die Rasseln
  rasseln 36
 sie rasselte
die Rast
die Rasten
  rasten
 er rastete
die Raststätte
die Raststätten
der Rat
die Rate
die Raten
  raten 18
 sie riet
 er hat geraten
das Rathaus
die Rathäuser
  ratlos
das Rätsel
  rätselhaft
die Ratte
die Ratten
  rattern
 es ratterte
der Raub
die Raube
  rauben
 er raubte

der Räuber	**Re**	das Reck
das Raubtier	reagieren	die Recke
die Raubtiere	er reagierte	die Recks
der Rauch 20	die Reaktion	sich recken
rauchen	die Reaktionen	sie reckte sich
sie rauchte	die Realschule	der Redakteur
der Raucher	die Realschulen	die Redakteure
räuchern	die Rebe	die Redaktion
er räucherte	die Reben	die Redaktionen
rauchig	rebellisch	die Rede
raufen 44	das Rebhuhn	die Reden
sie raufte	die Rebhühner	reden
die Rauferei	rechen	er redete
die Raufereien	sie rechte	redlich
rauflustig	der Rechen 38	der Redner
rauh	rechnen 42	redselig
der Rauhreif	er rechnete	die Reederei
der Raum	die Rechnung 12	die Reedereien
die Räume	die Rechnungen	die Reform
räumen	das Recht	die Reformen
er räumte	die Rechte	reformieren
das Raumschiff	recht haben	sie reformierte
die Raumschiffe	sie hatte recht	das Regal
die Raupe	er hat recht gehabt	die Regale
die Raupen	das Rechteck	die Regatta
raus	die Rechtecke	die Regatten
rauschen	rechteckig	rege
es rauschte	rechts 50	die Regel
sich räuspern	der Rechtsanwalt	die Regeln 64
sie räusperte sich	die Rechtsanwälte	regelmäßig
die Razzia	die Rechtschreibung	regeln
die Razzias	der Rechtshänder	er regelte
die Razzien	rechtzeitig	regelrecht

137

die Regelung
die Regelungen
sich regen
 sie regte sich
der Regen 56, 58
der Regenbogen
die Regenbögen
der Regenmantel 26
die Regenmäntel
der Regenschauer
der Regenwurm 38
die Regenwürmer
die Regierung
die Regierungen
der Regisseur
die Regisseure
 regnen
 es regnete
 regnerisch
das Reh 54
die Rehe
 reiben
er rieb
sie hat gerieben
 reich
das Reich
die Reiche
der Reiche
die Reichen
 reichen
 es reichte
  reichhaltig
  reichlich

der Reichtum
die Reichtümer
 reif 38
der Reif
 reifen
 es reifte
der Reifen
 reiflich
der Reigen
die Reihe
die Reihen
die Reihenfolge
das Reihenhaus 60
die Reihenhäuser
 reihenweise
der Reiher
der Reim
die Reime
sich reimen
 es reimte sich
 rein
 reinigen
 sie reinigte
die Reinigung
die Reinigungen
 reinlich
der Reis 32
die Reise
die Reisen
 reisen
 er reiste
der Reisende
die Reisenden

das Reisig
 reißen
 es riß
 es ist gerissen
 reiten 22
 sie ritt
 er ist geritten
der Reiter
der Reiz
die Reize
 reizbar
 reizen
 es reizte mich
 reizend
die Reklame
die Reklamen
der Rekord
die Rekorde
der Rektor
die Rektoren
die Religion
die Religionen
 religiös
die Reliquie
die Reliquien
 rempeln
 er rempelte
 rennen 44
 sie rannte
 er ist gerannt
das Rennen
die Rennmaus 24
die Rennmäuse

renovieren	reuen	die Richtung
er renovierte	es reute mich	die Richtungen
die Renovierung	reumütig	riechen 28
die Renovierungen	die Revanche	er roch
die Rente 6	die Revanchen	sie hat gerochen
die Renten	das Revier	die Riege
der Rentner	die Reviere	die Riegen
die Reparatur	die Revolte	der Riegel
die Reparaturen	die Revolten	der Riemen
reparieren	die Revolution	der Riese
sie reparierte	die Revolutionen	die Riesen
der Reporter	der Revolutionär	rieseln
das Reptil	die Revolutionäre	es rieselte
die Reptilien	der Revolver	riesig
die Republik	das Rezept 32	die Rille
die Republiken	die Rezepte	die Rillen
die Reserve		das Rind
die Reserven		die Rinder
reservieren	**Rh**	die Rinde 54
er reservierte	der Rhabarber	die Rinden
der Respekt	das Rheuma	der Ring
der Rest	rhythmisch	die Ringe
die Reste	der Rhythmus	die Ringelnatter
das Restaurant	die Rhythmen	die Ringelnattern
die Restaurants		ringen
restlos		sie rang
retten 20	**Ri**	er hat gerungen
er rettete	richten	der Ringkampf
der Retter	sie richtete	die Ringkämpfe
der Rettich	der Richter	ringsherum
die Rettiche	das Richtfest 10	die Rinne
die Rettung	die Richtfeste	die Rinnen
die **Reue**	richtig	der Rinnstein

die Rinnsteine
die Rippe
die Rippen
das Risiko
die Risiken
die Risikos
riskant
riskieren
sie riskierte
der Riß
die Risse
rissig
der Ritt
die Ritte
der Ritter
die Ritze
die Ritzen
ritzen
er ritzte
der Rivale
die Rivalen

Ro
die Robbe
die Robben
der Roboter
robust
röcheln
er röchelte
der Rock 26
die Röcke
die Rockmusik

rodeln
sie rodelte
roden
er rodete
der Roggen 8
roh 32
die Roheit
die Roheiten
die Rohkost
das Rohr
die Rohre
die Röhre
die Röhren
der Rohstoff
die Rohstoffe
die Rolle 46
die Rollen
rollen 22
sie rollte
der Roller
das Rollo
die Rollos
der Roman
die Romane
röntgen
er röntgte
rosa
die Rose 38
die Rosen
rosig
die Rosine
die Rosinen
der Rost

die Roste
rosten
es rostete
rostig
rot
das Rote Kreuz
die Röteln
rötlich
die Routine

Ru
rubbeln
sie rubbelte
die Rübe
die Rüben
der Ruck
die Rucke
rücken
er rückte
der Rücken 28
die Rückkehr
das Rücklicht
die Rücklichter
der Rucksack
die Rucksäcke
die Rücksicht
die Rücksichten
rücksichtslos
rücksichtsvoll 50, 64
der Rücktritt
die Rücktritte

rückwärts
das Rudel
das Ruder
der Ruderer
rudern
sie ruderte
der Ruf
die Rufe
rufen
er rief
sie hat gerufen
der Rüffel
das Rugby
die Rüge
die Rügen
rügen
sie rügte
die Ruhe
ruhen
er ruhte
ruhig
der Ruhm
rühmen
sie rühmte
rühren 32
er rührte
rührend
die Rührung
die Ruine
die Ruinen
rülpsen
sie rülpste
der Rummel

rumoren
es rumorte
rumpeln
es rumpelte
der Rumpf
die Rümpfe
rümpfen
er rümpfte die Nase
rund
die Runde
die Runden
der Rundfunk
rundherum
rundlich
runter
die Runzel
die Runzeln
runz(e)lig
runzeln
sie runzelte die Stirn
der Rüpel
rüpelhaft
rupfen
er rupfte
der Ruß 14
der Rüssel
rußen
es rußte
rußig
rüstig
die Rüstung

die Rüstungen
die Rute
die Ruten
die Rutsche
die Rutschen
rutschen 44
sie rutschte
rütteln
er rüttelte

Ss

Sa

der Saal
die Säle
die Saat 8
die Saaten
der Säbel
die Sache
die Sachen
sachlich
sächlich
sacht(e)
der Sack
die Säcke
die Sackgasse
die Sackgassen
säen 8, 38
sie säte
die Safari

141

die Safaris
der Saft 32
die Säfte
saftig
die Sage
die Sagen
die Säge 10
die Sägen
sagen
er sagte
sägen
sie sägte
sagenhaft
die Sahne
sahnig
die Saison
die Saisons
die Saite 36
die Saiten
der Salamander
die Salami
die Salamis
der Salat 38
die Salate
die Salbe 30
die Salben
salben
er salbte
salopp
der Salto
die Salti
die Saltos
das Salz 32

die Salze
salzen
sie salzte
salzig
das Salzwasser 48
der Same(n) 38
die Samen
sammeln
er sammelte
der Sammler
die Sammlung
die Sammlungen
der Samstag
die Samstage
samstags
der Samt
die Samte
samtig
sämtlich
der Sand 10, 48
die Sande
die Sandale 26
die Sandalen
die Sandburg 48
die Sandburgen
der Sandkasten 44
die Sandkästen
das Sandwich (der)
die Sandwiche
die Sandwich(e)s
sanft
sanftmütig
der Sänger

der Sanitäter
die Sardine
die Sardinen
der Sarg
die Särge
der Satellit 14
die Satelliten
satt
der Sattel
die Sättel
satteln
sie sattelte
der Saturn
der Satz
die Sätze
die Sau
die Säue
sauber 56
die Sauberkeit
säubern 24
er säuberte
sauer
säuerlich
der Sauerstoff
saufen
sie soff
er hat gesoffen
saugen
er saugte
säugen
sie säugte
der Sauger
das Säugetier

142

die Säugetiere
der Säugling
die Säuglinge
die Säule
die Säulen
der Saum
die Säume
   säumen
er säumte
die Sauna
die Saunas
die Saunen
die Säure
die Säuren
der Saurier
   sausen
sie sauste
das Saxophon
die Saxophone
die S-Bahn
die S-Bahnen

Sch

Scha
   schaben
er schabte
   schäbig
die Schablone
die Schablonen
das Schach

die Schachs
der Schacht
die Schächte
die Schachtel 12
die Schachteln
   schade
der Schädel
   schaden
es schadete
der Schaden
die Schäden
   schadenfroh
   schädigen
sie schädigte
der Schädling
die Schädlinge
das Schaf 8
die Schafe
der Schäfer
   schaffen
er schaffte
der Schaffner
   schal
der Schal 26
die Schals
die Schale
die Schalen
   schälen 32
sie schälte
der Schall
die Schalle
die Schälle
   schallen

es schallte
die Schallplatte
die Schallplatten
   schalten
er schaltete
der Schalter 40
das Schaltjahr
die Schaltjahre
die Schaltung
die Schaltungen
die Scham
sich schämen 34
sie schämte sich
   schamlos
die Schande
   schändlich
die Schanze
die Schanzen
die Schar
die Scharen
   scharf
die Schärfe
die Schärfen
   schärfen
er schärfte
der Scharlach
das Scharnier
die Scharniere
   scharren
sie scharrte
das Schaschlik
die Schaschliks
der Schatten

schattig
der Schatz
die Schätze
schätzen
er schätzte
schätzungsweise
die Schau
die Schauen
der Schauder
schauderhaft
schaudern
es schauderte mich
schauen
sie schaute
der Schauer
die Schaufel 10, 44
die Schaufeln
schaufeln 10
er schaufelte
das Schaufenster 12
die Schaukel 44
die Schaukeln
schaukeln 44
sie schaukelte
der Schaum
die Schäume
schäumen
es schäumte
schaurig
das Schauspiel
die Schauspiele
der Schauspieler 46

Sche
der Scheck
die Schecks
die Scheibe
die Scheiben
die Scheide 28
die Scheiden
scheiden
er schied
sie ist geschieden
sich scheiden lassen
sie ließen sich
scheiden
die Scheidung
die Scheidungen
der Schein
die Scheine
scheinbar
scheinen
sie schien
sie hat geschienen
der Scheinwerfer 46
der Scheitel
scheitern
er scheiterte
die Schelle
die Schellen
der Schelm
die Schelme
schelten
er schalt
sie hat gescholten
der Schemel

der Schenkel
schenken
sie schenkte
scheppern
es schepperte
die Scherbe
die Scherben
die Schere 28
die Scheren
der Scherz
die Scherze
scherzen
er scherzte
scherzhaft
scheu 24
die Scheu
scheuen
sie scheute
scheuchen
er scheuchte
scheuern
sie scheuerte
die Scheune 8
die Scheunen
das Scheusal
die Scheusale
scheußlich

Schi
der Schi
die Schier
die Schicht

144

die Schichten
schick
schicken 40
er schickte
das Schicksal
die Schicksale
schieben
sie schob
er hat geschoben
der Schiedsrichter
schief
der Schiefer
schielen
er schielte
das Schienbein
die Schienbeine
die Schiene
die Schienen
schießen
sie schoß
er hat geschossen
das Schiff
die Schiffe
die Schiffahrt
schiffbar
die Schikane
die Schikanen
das Schild
die Schilder
der Schild
die Schilde
schildern
sie schilderte

die Schilderung
die Schilderungen
die Schildkröte 24
die Schildkröten
das Schilf 56
die Schilfe
der Schimmel
schimm(e)lig
schimmeln
es schimmelte
schimmern
es schimmerte
der Schimpanse
die Schimpansen
schimpfen
er schimpfte
die Schindel
die Schindeln
der Schinken
der Schirm
die Schirme

Schl

die Schlacht
die Schlachten
schlachten
sie schlachtete
der Schlachter
der Schlächter
der Schlaf
die Schläfe
die Schläfen

schlafen
er schlief
sie hat geschlafen
der Schläfer
schlaff
schlaflos
schläfrig
das Schlafzimmer 60
der Schlag
die Schläge
schlagen
sie schlug
er hat geschlagen
der Schlager
der Schläger 36
die Schlägerei
die Schlägereien
schlagfertig
der Schlamm
schlammig
die Schlamperei
die Schlampereien
schlampig
die Schlange
die Schlangen
Schlange stehen
er stand Schlange
sie hat Schlange
  gestanden
sich schlängeln
sie schlängelte sich
schlank
schlau

der Schlauch	die Schleppe	schlittern
die Schläuche	die Schleppen	er schlitterte
die Schläue	schleppen	der Schlittschuh
die Schlaufe	sie schleppte	die Schlittschuhe
die Schlaufen	der Schlepper	der Schlitz
die Schlauheit	die Schleuder	die Schlitze
schlecht	die Schleudern	schlitzen
die Schlechtigkeit	schleudern	sie schlitzte
die Schlechtigkeiten	sie schleuderte	das Schloß
schlecken	schleunigst	die Schlösser
er schleckte	die Schleuse	der Schlosser
die Schleckerei	die Schleusen	die Schlosserei
die Schleckereien	schlicht	die Schlossereien
schleckig	schlichten	der Schlot 14
die Schlehe	er schlichtete	die Schlote
die Schlehen	die Schlichtheit	die Schlucht
schleichen	die Schlichtung	die Schluchten
sie schlich	die Schlichtungen	schluchzen
er ist geschlichen	schlichtweg	er schluchzte
der Schleier	schließen	der Schluck
schleierhaft	sie schloß	die Schlucke
die Schleife	er hat geschlossen	der Schluckauf
die Schleifen	schließlich	schlucken
schleifen	schlimm	sie schluckte
er schliff	die Schlinge	der Schlummer
sie hat geschliffen	die Schlingen	schlummern
der Schleim	der Schlingel	er schlummerte
die Schleime	schlingen	schlüpfen
schleimig	sie schlang	sie schlüpfte
schlemmen	er hat geschlungen	der Schlüpfer
sie schlemmte	der Schlips	schlüpfrig
schlendern	die Schlipse	schlürfen
er schlenderte	der Schlitten	er schlürfte

146

der Schluß
die Schlüsse
der Schlüssel
die Schlüsselblume
die Schlüsselblumen

Schm
schmächtig
schmackhaft
schmal
das Schmalz
die Schmalze
schmatzen
sie schmatzte
schmecken 28
es schmeckte
die Schmeichelei
die Schmeicheleien
schmeicheln
sie schmeichelte
der Schmeichler
schmeißen
er schmiß
sie hat geschmissen
schmelzen
es schmolz
es ist geschmolzen
der Schmerz 30
die Schmerzen
schmerzen
es schmerzte
schmerzhaft

schmerzlich
schmerzlos
der Schmetterling
die Schmetterlinge
schmettern
er schmetterte
der Schmied
die Schmiede
schmieden
sie schmiedete
sich schmiegen
er schmiegte sich
die Schmiere
die Schmieren
schmieren
sie schmierte
die Schminke
die Schminken
schminken 46
er schminkte
der Schmöker
schmökern
sie schmökerte
schmollen
er schmollte
schmoren
sie schmorte
der Schmuck
schmücken 18
er schmückte
schmudd(e)lig
schmuggeln
sie schmuggelte

der Schmuggler
schmunzeln
er schmunzelte
schmusen
sie schmuste
der Schmutz
schmutzig 56

Schn
der Schnabel 24
die Schnäbel
die Schnake
die Schnaken
die Schnalle
die Schnallen
schnallen
er schnallte
schnalzen
sie schnalzte
schnappen
er schnappte
der Schnaps
die Schnäpse
schnarchen
sie schnarchte
schnattern
er schnatterte
schnaufen
sie schnaufte
die Schnauze 24
die Schnauzen
die Schnecke

147

die Schnecken
der Schnee 58
das Schnee-
    glöckchen
  schneeweiß
die Schneide
die Schneiden
  schneiden 32
  er schnitt
  sie hat geschnitten
der Schneider
  schneien
  es schneite
die Schneise
die Schneisen
  schnell 22, 50
sich schneuzen
  sie schneuzte sich
  schnippeln
  er schnippelte
der Schnipsel
der Schnitt
die Schnitte
die Schnitte
die Schnitten
der Schnittlauch
das Schnitzel
  schnitzen
  sie schnitzte
der Schnitzer
  schnöde
der Schnorchel 48
der Schnörkel

  schnüffeln
  er schnüffelte
  schnuppern
  sie schnupperte
die Schnur
die Schnüre
  schnüren 26, 40
  er schnürte
  schnurgerade
der Schnurrbart
die Schnurrbärte
  schnurren
  sie schnurrte
der Schnürsenkel

Scho
der Schock
die Schocks
  schockierend
die Schokolade
die Schokoladen
die Scholle
die Schollen
  schon
  schön
sich schonen
  er schonte sich
die Schönheit
die Schönheiten
die Schonung
die Schonzeit
die Schonzeiten

  schöpfen
  sie schöpfte
der Schöpfer
die Schöpfung
die Schöpfungen
der Schorf
die Schorfe
der Schornstein
die Schornsteine
der Schoß
die Schöße
die Schote
die Schoten
der Schotter

Schr
  schräg
die Schräge
die Schrägen
die Schramme
die Schrammen
der Schrank 60
die Schränke
die Schranke
die Schranken
die Schraube
die Schrauben
  schrauben
  er schraubte
der Schreck
die Schrecke(n)
  schreckhaft

schrecklich
der Schrei
die Schreie
schreiben 42
sie schrieb
er hat geschrieben
schreien
er schrie
sie hat geschrie(e)n
der Schreiner
die Schreinerei
die Schreinereien
schreiten
sie schritt
er ist geschritten
die Schrift
die Schriften
schriftlich
der Schriftsteller
schrill
der Schritt
die Schritte
der Schrott
schrubben
er schrubbte
der Schrubber
schrumpfen
es schrumpfte

Schu
der Schub
die Schübe

die Schubkarre 10
die Schubkarren
der Schubkarren
die Schublade
die Schubladen
der Schubs
die Schubse
schüchtern
die Schüchternheit
der Schuft
die Schufte
schuften
sie schuftete
der Schuh 26
die Schuhe
die Schuld
die Schulden
schuldig
schuldlos
die Schule
die Schulen
der Schüler 42
schulfrei
das Schuljahr
die Schuljahre
schulreif
die Schultasche 42
die Schultaschen
die Schulter
die Schultern
schummeln
er schummelte
die Schuppe

die Schuppen
der Schuppen
der Schups
die Schupse
schüren
sie schürte
die Schürze
die Schürzen
der Schuß
die Schüsse
die Schüssel 32
die Schüsseln
der Schuster
der Schutt
der Schüttelfrost
schütteln
er schüttelte
schütten
sie schüttete
der Schutz
der Schütze
die Schützen
schützen
er schützte

Schw
schwach 30
die Schwäche
die Schwächen
schwächlich
der Schwager
die Schwäger

149

die Schwägerin	der Schwefel	die Schwieger-
die Schwägerinnen	schweigen	tochter 52
die Schwalbe 8	sie schwieg	die Schwieger-
die Schwalben	er hat geschwiegen	töchter
der Schwamm 28	das Schweigen	schwierig
die Schwämme	schweigsam	die Schwierigkeit
der Schwan 56	das Schwein 8	die Schwierigkeiten
die Schwäne	die Schweine	das Schwimmbad
schwanger	die Schweinerei	die Schwimmbäder
die Schwangerschaft	die Schweinereien	schwimmen 48
die Schwanger-	der Schweiß	er schwamm
schaften	schweißen	sie ist geschwom-
schwanken	er schweißte	men
sie schwankte	der Schweißer	der Schwimmer
der Schwanz 24	die Schwelle	der Schwindel
die Schwänze	die Schwellen	schwindelfrei
schwänzen	schwellen	schwind(e)lig
er schwänzte	es schwoll	schwindeln
der Schwarm	es ist geschwollen	er schwindelte
die Schwärme	die Schwellung	der Schwindler
schwärmen	die Schwellungen	schwingen
sie schwärmte	schwenken	er schwang
die Schwärmerei	sie schwenkte	sie hat geschwun-
die Schwärmereien	schwer	gen
schwarz	schwerfällig	schwirren
schwatzen	schwerhörig	es schwirrte
er schwatzte	das Schwert	schwitzen
schwätzen	die Schwerter	er schwitzte
sie schwätzte	die Schwester 52	schwören
der Schwätzer	die Schwestern	sie schwor
schwatzhaft	der Schwieger-	er hat geschworen
schweben 22	sohn 52	schwül 58
er schwebte	die Schwiegersöhne	die Schwüle

150

der Schwung
die Schwünge
　schwungvoll
der Schwur
die Schwüre

Se
sechs
sechzehn
sechzig
der See 56
die Seen
die See
　seekrank
die Seekrankheit
die Seele
die Seelen
die Seeleute
die Seerose 56
die Seerosen
der Seestern 48
die Seesterne
das Segel
das Segelflugzeug 22
die Segelflugzeuge
　segeln 22, 48
　sie segelte
das Segelschiff 22
die Segelschiffe
der Segen
　segensreich
　segnen

er segnete
　sehen 16, 28
　sie sah
　er hat gesehen
　sehenswert
die Sehenswürdig-
　keit
die Sehenswürdig-
　keiten
die Sehne
die Sehnen
sich sehnen
　er sehnte sich
die Sehnsucht
die Sehnsüchte
　sehnsüchtig
　sehr
　seicht
die Seide
die Seiden
　seidig
die Seife
die Seifen
das Seil
die Seile
　sein
　er war
　sie ist gewesen
　seine
　seinetwegen
　seit
　seitdem
die Seite

die Seiten
　seitenlang
　seither
　seitlich
die Sekretärin
die Sekretärinnen
der Sekt
die Sekte
die Sekten
die Sekunde 62
die Sekunden
　selber
　selbst
die Selbstbedienung
　12
　selbständig
der Selbständige 6
die Selbständigen
die Selbständigkeit
　selbstverständ-
　lich
　selig
die Seligkeit
die Seligkeiten
der Sellerie
　selten
die Seltenheit
　seltsam
das Semester
die Semmel
die Semmeln
　senden 16, 40
　er sendete

sie hat gesendet
senden
er sandte
sie hat gesandt
der Sender
die Sendung 16
die Sendungen
der Senf
die Senfe
die Senke
die Senken
senken
sie senkte
senkrecht
die Senkrechte
die Senkrechten
die Sensation
die Sensationen
sensationell
die Sense
die Sensen
der September
die Serie 16
die Serien
die Serpentine
die Serpentinen
servieren
er servierte
die Serviette
die Servietten
der Sessel
sich setzen
  sie setzte sich

die Seuche
die Seuchen
seufzen
er seufzte
der Seufzer

Sh
der Sheriff
die Sheriffs
die Shorts
die Show 16
die Shows

Si
sich
die Sichel
die Sicheln
sicher
die Sicherheit
die Sicherheiten
sicherlich
sichern
er sicherte sich
die Sicherung
die Sicherungen
die Sicht
sichtbar
sie
das Sieb
die Siebe
sieben

sie siebte
sieben
siebzehn
siebzig
siedendheiß
der Siedepunkt
der Siedler
der Sieg
die Siege
das Siegel
siegen
er siegte
der Sieger
siegreich
das Signal
die Signale
die Silbe
die Silben
das Silber
silbern
der Silo (das)
die Silos
der Silvester (das)
sind
die Sinfonie
die Sinfonien
singen 18, 36, 42
sie sang
er hat gesungen
der Singular
sinken
er sank
sie ist gesunken

152

der Sinn
die Sinne
   sinnlos
   sinnvoll
die Sirene
die Sirenen
der Sirup
die Sirupe
die Sitte
die Sitten
die Situation
die Situationen
der Sitz
die Sitze
   sitzen
 er saß
sie hat gesessen
sie ist gesessen
die Sitzung
die Sitzungen

Sk
die Skala
die Skalas
die Skalen
der Skandal
die Skandale
der Skat
die Skate
die Skats
das Skelett
die Skelette

   skeptisch
der Ski
die Skier
die Skizze
die Skizzen
   skizzieren
 er skizzierte
der Sklave
die Sklaven
der Skorpion
die Skorpione

Sl
der Slalom
die Slaloms
der Smog

So
   so
   sobald
die Socke 26
die Socken
der Sockel
   so daß
   soeben
das Sofa 60
die Sofas
   sofort 62
   sogar
   sogenannt
   sogleich

die Sohle
die Sohlen
der Sohn 52
die Söhne
   solange
   solch
   solche
   solcher
der Soldat
die Soldaten
   sollen
sie sollte
 er hat gesollt
das Solo
die Soli
die Solos
   somit
der Sommer
   sommerlich
das Sonderangebot 12
die Sonderangebote
   sonderbar
   sondern
der Song
die Songs
der Sonnabend
die Sonnabende
   sonnabends
die Sonne
die Sonnen
sich sonnen
 er sonnte sich

die Sonnenblume
die Sonnenblumen
sonnig
der Sonntag
die Sonntage
sonntags
sonst
der Sopran
die Soprane
die Sorge
die Sorgen
sorgen
sie sorgte
die Sorgfalt
sorgfältig
die Sorte
die Sorten
sortieren 40
er sortierte
die Soße
die Soßen
das Souvenir
die Souvenirs
soviel
sowie
sowohl
sozial

Sp
der Spachtel (die)
spachteln
sie spachtelte

die Spaghetti
spähen
er spähte
der Spalt
die Spalte
die Spalte
die Spalten
spalten
sie spaltete
er hat gespalten
der Span
die Späne
die Spange
die Spangen
spannen
er spannte
spannend 16
die Spannung
die Spannungen
sparen
sie sparte
der Sparer
der Spargel
spärlich
sparsam
die Sparsamkeit
der Spaß
die Späße
spaßen
er spaßte
spaßeshalber
spaßig
spät 62

spätestens
der Spaten 38
der Spatz 38
die Spatzen
spazieren
sie spazierte
spazierengehen
er ging spazieren
der Specht 54
die Spechte
der Speck
speckig
die Spedition
die Speditionen
der Speer
die Speere
die Speiche
die Speichen
der Speichel
der Speicher 60
speichern
sie speicherte
die Speise
die Speisen
speisen
er speiste
die Spende
die Spenden
spenden
sie spendete
der Spender
der Sperling
die Sperlinge

154

die Sperre	die Spirale	sprengen
die Sperren	die Spiralen	sie sprengte
sperren	der Spiritus	die Sprengung
er sperrte	spitz	die Sprengungen
spezial	die Spitze	das Sprichwort
der Spezialist	die Spitzen	die Sprichwörter
die Spezialisten	der Spitzel	sprießen
die Spezialität	der Spitzer 42	es sproß
die Spezialitäten	der Splitter	es ist gesprossen
der Spiegel	splittern	springen 44
spiegeln	es splitterte	er sprang
es spiegelte	splitternackt	sie ist gesprungen
das Spiel 18	spontan	der Sprit
die Spiele	der Sport	die Spritze 30
spielen 18, 42, 44	der Sportler	die Spritzen
sie spielte	sportlich 26	spritzen 48, 56
der Spieler	die Sportsendung 16	sie spritzte
die Spielerei	die Sportsendungen	der Spritzer
die Spielereien	der Spott	der Sproß
der Spielfilm 16	spotten 34	die Sprosse
die Spielfilme	sie spottete	die Sprosse
der Spieß	der Spötter	die Sprossen
die Spieße	spöttisch	der Spruch
der Spinat	die Sprache	die Sprüche
die Spinne	die Sprachen	der Sprudel
die Spinnen	sprachlich	sprudeln
spinnen	sprachlos	es sprudelte
er spann	sprechen	sprühen
sie hat gesponnen	er sprach	er sprühte
der Spion	sie hat gesprochen	der Sprung 44
die Spione	der Sprecher	die Sprünge
spionieren	spreizen	die Spucke
er spionierte	er spreizte	spucken

155

sie spuckte	die Stäbe	ständig
der Spuk	stabil	die Stange
die Spuke	der Stachel	die Stangen
spuken	die Stacheln	stänkern
es spukte	die Stachelbeere	sie stänkerte
die Spule	die Stachelbeeren	der Stapel
die Spulen	stach(e)lig	stapeln
die Spüle	das Stadion	sie stapelte
die Spülen	die Stadien	stapfen
spulen	die Stadt	er stapfte
er spulte	die Städte	der Star
spülen	städtisch	die Stare
sie spülte	die Staffel	der Star
die Spülung	die Staffeln	die Stars
die Spülungen	der Stahl	stark
die Spur	die Stähle	die Stärke
die Spuren	stählen	die Stärken
spuren	er stählte sich	sich stärken
er spurte	der Stall 8	sie stärkte sich
spüren	die Ställe	die Stärkung
er spürte	der Stamm 54	die Stärkungen
spurlos	die Stämme	starr
der Spurt	der Stammbaum 52	starren
die Spurts	die Stammbäume	sie starrte
	stammeln	die Starrheit
St	sie stammelte	der Start
	stampfen 36	die Starts
Sta	er stampfte	starten 22
der Staat	der Stampfer	er startete
die Staaten	der Stand 12	die Station
staatlich	die Stände	die Stationen
der Staatsbürger	der Ständer	statt
der Stab	standhaft	statt dessen

156

die Stätte
die Stätten
  stattfinden
 es fand statt
der Stau
die Staus
der Staub
die Stäube
  stauben
 es staubte
  staubig
die Staude
die Stauden
  stauen
sie staute
  staunen
er staunte

Ste

  stechen
er stach
sie hat gestochen
  stecken
er steckte
der Stecken
der Stecker
der Steg
die Stege
  stehen
sie stand
 er hat gestanden
  stehlen

er stahl
sie hat gestohlen
  steif
  steigen
er stieg
sie ist gestiegen
  steigern
sie steigerte
die Steigerung
die Steigerungen
die Steigung
die Steigungen
  steil
der Stein 48
die Steine
  steinig
die Stelle 6
die Stellen
  stellen
er stellte
die Stellung
die Stellungen
die Stelze
die Stelzen
  stemmen
sie stemmte
der Stempel 40
  stempeln
er stempelte
der Stengel 38
die Steppe
die Steppen
  sterben 24, 30

sie starb
 er ist gestorben
die Stereoanlage
die Stereoanlagen
der Stern
die Sterne
  stetig
  stets
das Steuer
die Steuer
die Steuer
die Steuern
  steuern
er steuerte

Sti

der Stich
die Stiche
 im Stich lassen
sie ließ mich
  im Stich
  sticken
er stickte
die Stickerei
die Stickereien
  stickig
der Stiefel 26
die Stiefeltern
die Stiefmutter 52
die Stiefmütter
der Stiefvater 52
die Stiefväter

der Stiel 38	der Stock	die Stöße
die Stiele	die Stöcke	stoßen
der Stier	stocken	er stieß
die Stiere	es stockte	sie hat gestoßen
stieren	das Stockwerk 60	der Stotterer
sie stierte	die Stockwerke	stottern
der Stift	der Stoff	er stotterte
die Stifte	die Stoffe	
stiften	stöhnen	**Str**
er stiftete	sie stöhnte	die Strafe
der Stifter	der Stollen	die Strafen
die Stiftung	stolpern	strafen
die Stiftungen	er stolperte	sie strafte
der Stil	der Stolz	der Strahl
die Stile	stolz	die Strahlen
still	stolzieren	strahlen
die Stille	sie stolzierte	er strahlte
die Stimme 46	stopfen	strahlend
die Stimmen	er stopfte	die Strahlung
stimmen	der Stopfen	die Strahlungen
es stimmte	stoppen	die Strähne
die Stimmung	sie stoppte	die Strähnen
die Stimmungen	die Stoppuhr 62	strähnig
stinken	die Stoppuhren	stramm
es stank	der Stöpsel	strampeln
es hat gestunken	der Storch	sie strampelte
die Stirn	die Störche	der Strand 48
die Stirnen	stören 64	die Strände
	es störte	stranden
Sto	die Störung	er strandete
stöbern	die Störungen	der Strang
sie stöberte	störrisch	die Stränge
	der Stoß	

die Strapaze	streifen	die Strömung
die Strapazen	er streifte	die Strömungen
die Straße 50	der Streifen	die Strophe
die Straßen	der Streik	die Strophen
die Straßenbahn 22, 50	die Streiks	strotzen
	streiken	sie strotzte
die Straßenbahnen	sie streikte	strubbelig
sich sträuben	der Streit	der Strudel
sie sträubte sich	die Streite	der Strumpf 26
der Strauch	streiten 64	die Strümpfe
die Sträucher	er stritt	struppig
der Strauß	sie hat gestritten	
die Strauße	die Streiterei	**Stu**
der Strauß	die Streitereien	die Stube
die Sträuße	streng	die Stuben
die Strebe	die Strenge	das Stück
die Streben	der Streß	die Stücke
streben	die Streu	der Student
er strebte	die Streuen	die Studenten
der Streber	streuen	studieren
die Strecke	sie streute	er studierte
die Strecken	die Streusel	das Studium
sich strecken	der Strich	die Studien
sie streckte sich	die Striche	die Stufe
der Streich	der Strick	die Stufen
die Streiche	die Stricke	der Stuhl 60
streicheln 24	stricken	die Stühle
er streichelte	er strickte	stülpen
streichen	das Stroh 8	sie stülpte
sie strich	der Strom 14, 56	stumm 34
er hat gestrichen	die Ströme	stumpf
das Streichholz 20	strömen 56	der Stumpf
die Streichhölzer	es strömte	

159

die Stümpfe
die Stunde 62
die Stunden
der Stundenplan 62
die Stundenpläne
stündlich
stur
die Sturheit
der Sturm 58
die Stürme
der Stürmer
die Sturmflut 56
die Sturmfluten
stürmisch 58
der Sturz
die Stürze
stürzen
er stürzte
die Stütze
die Stützen
stutzen
sie stutzte
stützen
er stützte
stutzig

Su
das Subjekt
die Subjekte
das Substantiv
die Substantive
subtrahieren

sie subtrahierte
die Subtraktion
die Subtraktionen
die Suche
die Suchen
suchen
er suchte
die Sucht
die Süchte
süchtig
der Süden
südlich
der Südpol
südwärts
die Summe
die Summen
summen
es summte
der Sumpf
die Sümpfe
sumpfig
die Sünde
die Sünden
der Sünder
der Supermarkt
die Supermärkte
die Suppe
die Suppen
surfen 48
er surfte
surren
es surrte
süß

die Süße
süßen
sie süßte
die Süßigkeit
die Süßigkeiten
süßlich

Sw
das Sweatshirt 26
die Sweatshirts

Sy
das Symbol
die Symbole
sympathisch
das System
die Systeme

Sz
die Szene
die Szenen

Tt

Ta
der Tabak
die Tabake

die Tabelle	die Talare	tapfer 30
die Tabellen	das Talent	die Tapferkeit
das Tablett	die Talente	tappen
die Tabletts	talentiert	sie tappte
die Tablette 30	der Taler	tapsig
die Tabletten	der Talg	der Tarif
der Tacho	die Talge	die Tarife
die Tachos	das Tandem	sich tarnen
der Tadel	die Tandems	er tarnte sich
tadellos	der Tang 48	die Tarnung
tadeln	die Tange	die Tarnungen
er tadelte	der Tank	die Tasche 12
die Tafel	die Tanks	die Taschen
die Tafeln	tanken	die Tasse 32
der Tag 62	sie tankte	die Tassen
die Tage	der Tanker	die Taste 36
tagelang	die Tankstelle	die Tasten
täglich	die Tankstellen	tasten
tagsüber	die Tanne 54	sie tastete
die Tagung	die Tannen	die Tat
die Tagungen	die Tante 52	die Taten
die Taille	die Tanten	der Täter
die Taillen	der Tanz 18	tätig
der Takt 36	die Tänze	die Tätigkeit
die Takte	tänzeln	die Tätigkeiten
die Taktik	er tänzelte	tatkräftig
die Taktiken	tanzen 18	tätowiert
taktisch	sie tanzte	die Tätowierung
taktlos	der Tänzer	die Tätowierungen
taktvoll	die Tapete	die Tatsache
das Tal	die Tapeten	die Tatsachen
die Täler	tapezieren	tatsächlich
der Talar	er tapezierte	tätscheln

161

er tätschelte
die Tatze
die Tatzen
das Tau
die Taue
der Tau
taub 34
die Taube
die Tauben
taubstumm
tauchen 48
sie tauchte
der Taucher
tauen
es taute
die Taufe
die Taufen
taufen
er taufte
der Täufling
die Täuflinge
taugen
es taugte
tauglich
taumelig
taumeln
sie taumelte
der Tausch
die Tausche
tauschen
er tauschte
täuschen
sie täuschte

die Täuschung
die Täuschungen
tausend
tausenderlei
tausendfach
das Taxi
die Taxis

Te

das Team
die Teams
die Technik
die Techniken
der Techniker
technisch 14
der Teddy
die Teddys
der Tee 32
die Tees
der Teenager
der Teer
die Teere
teeren
er teerte
der Teich 56
die Teiche
der Teig
die Teige
die Teigwaren 12
der Teil (das)
die Teile
teilbar

teilen
sie teilte
die Teilnahme
teilnahmslos
teilnehmen
→ nehmen
der Teilnehmer
teils
die Teilung
teilweise
das Telefax 14
die Telefaxe
das Telefon 14, 40
die Telefone
telefonieren 40
er telefonierte
die Telefonzelle 40
die Telefonzellen
telegrafieren
sie telegrafierte
das Telegramm 40
die Telegramme
der Teller 32
der Tempel
das Temperament
die Temperamente
temperamentvoll
die Temperatur
die Temperaturen
das Tempo
die Tempi
die Tempos
das Tennis

162

der Tenor
die Tenöre
der Teppich
die Teppiche
der Termin
die Termine
das Terrarium
die Terrarien
die Terrasse 60
die Terrassen
das Territorium
die Territorien
der Terror
　terrorisieren
　er terrorisierte
der Terrorist
die Terroristen
der Test
die Tests
das Testament
die Testamente
　teuer 12
der Teufel
　teuflisch
der Text 46
die Texte
die Textilien

Th
das Theater
das Theaterstück 46
die Theaterstücke

die Theke
die Theken
das Thema
die Themata
die Themen
　theoretisch
die Theorie
die Theorien
die Therapie
die Therapien
das Thermometer
die Thermosflasche
die Thermosflaschen
die These
die Thesen
der Thriller
der Thron
die Throne
der Thunfisch
die Thunfische

Ti
　ticken
　es tickte
das Ticket
die Tickets
　tief 36
die Tiefe
die Tiefen
　tiefgekühlt
das Tier
die Tiere

der Tiger
die Tinte 42
die Tinten
der Tip
die Tips
　tippeln
　sie tippelte
　tippen
　er tippte
der Tisch 60
die Tische
der Tischler
die Tischlerei
die Tischlereien
der Titel

To
der Toast
die Toasts
der Toaster
　toben 44
　sie tobte
die Tochter 52
die Töchter
der Tod 30
　tödlich
　todmüde
　todsicher
die Toilette
die Toiletten
　tolerant
die Toleranz

163

toll	der Torf	die Trachten
tollen	töricht	die Tradition
er tollte	torkeln	die Traditionen
tollkühn	sie torkelte	traditionell
die Tollwut	der Tornister	der Trafo
tollwütig	die Torte	die Trafos
der Tolpatsch	die Torten	träge
die Tolpatsche	tot	tragen
tolpatschig	total	er trug
die Tomate	der Tote	sie hat getragen
die Tomaten 38	die Toten	der Träger
die Tombola 18	töten	die Trägheit
die Tombolas	er tötete	die Trägheiten
der Ton 16	totenblaß	tragisch
die Töne	totenstill	die Tragödie
die Tonart	sich totlachen	die Tragödien
die Tonarten	→ lachen	der Trainer
tönen	das Toto (der)	trainieren
es tönte	die Totos	sie trainierte
die Tonleiter	die Tour	das Training
die Tonne	die Touren	die Trainings
die Tonnen	der Tourist	der Traktor 8
der Topf 32	die Touristen	die Traktoren
die Töpfe	die Tournee	trällern
der Töpfer	die Tourneen	sie trällerte
die Töpferei	die Tournees	trampeln
die Töpfereien		er trampelte
das Tor		die Träne
die Tore	**Tr**	die Tränen
der Tor	der Trab	tränen
die Toren	traben	es tränte
der Torero	sie trabte	der Trank
die Toreros	die Tracht	die Tränke

die Tränken	treiben	triftig
der Transistor	sie trieb	das Trikot
die Transistoren	er hat getrieben	die Trikots
das Transparent	trennen	trillern
die Transparente	er trennte	er trillerte
der Transport	die Trennung 52	sich trimmen
die Transporte	die Trennungen	sie trimmte sich
der Transporter	treppab	trinken 18, 56
transportieren	treppauf	er trank
sie transportierte	die Treppe	sie hat getrunken
das Trapez	die Treppen	das Trinkgeld
die Trapeze	das Treppenhaus 60	die Trinkgelder
die Traube	die Treppenhäuser	das Trio
die Trauben	der Tresor	die Trios
sich trauen	die Tresore	trippeln
er traute sich	treten 22	er trippelte
die Trauer	er trat	der Tritt
trauern	sie hat getreten	die Tritte
sie trauerte	treu	der Triumph
der Traum	die Treue	die Triumphe
die Träume	treuherzig	trocken 58
träumen	treulos	die Trockenheit
er träumte	der Triangel (das) 36	trocknen
der Träumer	die Tribüne	sie trocknete
traurig 46	die Tribünen	der Trödel
die Trauung	der Trichter	trödeln 62
die Trauungen	der Trick	er trödelte
der Trecker	die Tricks	der Trödler
treffen	tricksen	der Trog
sie traf	sie trickste	die Tröge
er hat getroffen	der Trieb	die Trommel 36
das Treffen	die Triebe	die Trommeln
der Treffer	triefnaß	das Trommelfell

165

die Trommelfelle
trommeln 36
sie trommelte
der Trommler
die Trompete 36
die Trompeten
trompeten
er trompetete
der Trompeter
tröpfeln 56
es tröpfelte
tropfen
es tropfte
der Tropfen 56
der Trost
trösten 30
sie tröstete
trostlos
der Trott
die Trotte
der Trotz
trotzdem
trotzen
er trotzte
trotzig
trüb(e)
der Trubel
die Trübsal
trübselig
der Trübsinn
die Truhe
die Truhen
die Trümmer

der Trumpf
die Trümpfe
der Trupp
die Trupps
die Truppe
die Truppen

Ts

tschau
tschüs
das T-Shirt 26
die T-Shirts

Tu

die Tube
die Tuben
das Tuch
die Tücher
tüchtig
die Tüchtigkeit
die Tücke
die Tücken
tuckern
sie tuckerte
tückisch
die Tüftelei
der Tüft(e)ler
tüfteln
er tüftelte
tüftlig
die Tugend

die Tugenden
die Tulpe 38
die Tulpen
sich tummeln
sie tummelte sich
der Tümpel
der Tumult
die Tumulte
tun
er tat
sie hat getan
tünchen
er tünchte
tunken
sie tunkte
der Tunnel
die Tunnel(s)
der Tupfen
tupfen
er tupfte
die Tür
die Türen
der Turban
die Turbane
die Turbine
die Turbinen
türkisfarben
der Turm
die Türme
turnen 42, 44
sie turnte
das Turnen
der Turner

die Turnhose 26
die Turnhosen
das Turnier
die Turniere
der Turnschuh 26
die Turnschuhe
die Tusche
die Tuschen
die Tuschelei
die Tuscheleien
  tuscheln
  er tuschelte
die Tüte 12
die Tüten
  tuten
  es tutete

Ty
der Typ
die Typen
  typisch
der Tyrann
die Tyrannen
  tyrannisch

Uu

Ub
die U-Bahn

die U-Bahnen
  übel
das Übel
  übelnehmen
  → nehmen
der Übeltäter
  üben 36, 42
sie übte
  über
  überall
der Überblick
der Überdruß
  überdrüssig
  übereinander
die Überfahrt
die Überfahrten
der Überfall
die Überfälle
  überfallen
  → fallen
  überfliegen
  → fliegen
der Überflieger
der Überfluß
  überflüssig
  überflutet
  überhaupt
  überholen 50
  → holen
  überlegen
  → legen
die Überlegung
die Überlegungen

  übermorgen
der Übermut
  übermütig 44
  übernachten
er übernachtete
die Übernachtung
die Übernachtungen
  überqueren 50
sie überquerte
  überraschen
er überraschte
die Überraschung 18
die Überraschungen
  überreden
  → reden
die Überschrift
die Überschriften
  überschwemmen
sie überschwemmte
die Überschwemmung
die Überschwemmungen
  übersetzen 34
er setzte über
sie übersetzte
  → setzen
die Übersetzung
die Übersetzungen
die Übersicht
die Übersichten
  übersichtlich
die Überstunde

167

die Überstunden
übertreiben
→ treiben
die Übertreibung
die Übertreibungen
übertrieben
überwältigend
überweisen
→ weisen
die Überweisung
die Überweisungen
überzählig
überzeugen
er überzeugte
die Überzeugung
die Überzeugungen
üblich
das U-Boot
die U-Boote
übrig
übrigens
die Übung
die Übungen

Uf
das Ufer
uferlos

Uh
die Uhr 62
die Uhren

der Uhu
die Uhus

Ul
der Ulk
die Ulke
die Ulkerei
die Ulkereien
ulkig
die Ulme
die Ulmen
das Ultimatum
die Ultimaten
Um
um
umarmen
sie umarmte
die Umarmung
die Umarmungen
umdrehen
→ drehen
die Umdrehung
die Umdrehungen
umfallen
→ fallen
der Umfang
die Umfänge
umfangreich
der Umgang
die Umgebung
die Umgebungen
umgekehrt

umgraben 38
→ graben
der Umhang
die Umhänge
umher
die Umkehr
umkehren
→ kehren
umkippen
→ kippen
der Umlaut
die Umlaute
umleiten
→ leiten
die Umleitung
die Umleitungen
der Umriß
die Umrisse
umschalten
→ schalten
der Umschlag
die Umschläge
umsonst
der Umstand
die Umstände
umständlich
umsteigen
→ steigen
der Umtausch
umtauschen
→ tauschen
der Umweg
die Umwege

die Umwelt
der Umweltschutz 14
umziehen 60
→ ziehen
der Umzug
die Umzüge

Un
unachtsam
unangenehm
unappetitlich
unartig
unaufhörlich
unaufmerksam
die Unaufmerksamkeit
die Unaufmerksamkeiten
unausstehlich
unbändig
unbedingt
unbeherrscht
unbekannt
unbekümmert
unbequem 14
unbescheiden
und
undankbar
undurchsichtig
unecht

unehrlich
uneinig
unendlich
unentgeltlich
unentschieden
unerhört
unerträglich
unfähig
unfair
der Unfall 50
die Unfälle
unfreundlich 64
der Unfug
die Ungeduld
ungeduldig
ungefähr
das Ungeheuer
ungeheuerlich
ungehorsam
ungemütlich
ungenügend
ungerade
ungerecht
ungeschickt 44
das Ungetüm
die Ungetüme
ungewiß
die Ungewißheit
die Ungewißheiten
das Ungeziefer
ungezogen
unglaublich
das Unglück

die Unglücke
unglücklich
ungültig
das Unheil
unheilbar
unheimlich
die Uniform
die Uniformen
die Universität
die Universitäten
das Unkraut
die Unkräuter
unmöglich
unpassend
das Unrecht
unreif 38
die Unruhe
die Unruhen
unruhig
uns
unschuldig
unser
unsere
der Unsinn
unsinnig
unten
unter
unterbrechen
→ brechen
die Unterbrechung
die Unterbrechungen
unterdessen

169

untereinander
die Unterführung
die Unterführungen
der Untergang
die Untergänge
untergehen
→ gehen
unterhalb
der Unterhalt
unterhalten 16
→ halten
die Unterhaltung
die Unterhaltungen
die Unterkunft
die Unterkünfte
der Unterricht
unterrichten
→ richten
unterscheiden
→ scheiden
der Unterschied
die Unterschiede
unterschreiben
→ schreiben
die Unterschrift
die Unterschriften
unterstützen
→ stützen
die Unterstützung
die Unterstützungen
untersuchen
→ suchen
die Untersuchung

die Untersuchungen
unterwegs
unterwerfen
→ werfen
die Unterwerfung
die Unterwerfungen
unterwürfig
unüberlegt
unverhofft
unvernünftig
unverschämt
unverschuldet
unverständlich 34
unverzeihlich
unvollständig
unvorsichtig
das Unwetter 58
unwissend
unwohl
unzählig
unzertrennlich
unzufrieden
unzuverlässig

Up
üppig

Ur
uralt
der Uranus
urgemütlich

die Urgeschichte
die Urgroßeltern
der Urin
die Urkunde
die Urkunden
der Urlaub 6
die Urlaube
die Urne
die Urnen
die Ursache
die Ursachen
der Ursprung
ursprünglich
das Urteil
die Urteile
urteilen
→ teilen
der Urwald
die Urwälder

Vv

Va
die Vagina
die Vaginen
der Vampir
die Vampire
die Vanille
die Vase
die Vasen

170

der Vater 52
die Väter
  väterlich
das Vaterunser

Ve

der Vegetarier
das Vehikel
das Veilchen
die Vene
die Venen
das Ventil
die Ventile
der Ventilator
die Ventilatoren
sich verabreden
 sie verabredete sich
die Verabredung
die Verabredungen
sich verabschieden
 er verabschiedete sich
  verachten 34
    → achten
  verächtlich
die Verachtung
die Veranda
die Veranden
  veränderlich
  verändern
    → ändern
die Veränderung

die Veränderungen
die Veranlagung
die Veranlagungen
  veranstalten
 sie veranstaltete
die Veranstaltung
die Veranstaltungen
  verantwortlich
die Verantwortung
die Verantwortungen
  verärgert
das Verb
die Verben
der Verband 30
die Verbände
  verbergen
 er verbarg
 sie hat verborgen
  verbessern
 er verbesserte
die Verbesserung
die Verbesserungen
sich verbeugen
 sie verbeugte sich
die Verbeugung
die Verbeugungen
  verbieten
 er verbot
  verbinden 30, 40
    → binden
die Verbindung
die Verbindungen

  verblüfft
das Verbot 50
die Verbote
der Verbrauch
  verbrauchen
    → brauchen
der Verbraucher
das Verbrechen
der Verbrecher
  verbreiten
 sie verbreitete
die Verbreitung
  verbrennen
    → brennen
die Verbrennung
die Verbrennungen
der Verdacht
die Verdachte
die Verdächte
  verdächtig
  verdächtigen
 er verdächtigte
die Verdächtigung
die Verdächtigungen
  verdanken
    → danken
  verdauen
 sie verdaute
die Verdauung
das Verdeck
die Verdecke
  verdecken
    → decken

171

verderben	die Vergangenheit 62	→ handeln
sie verdarb	die Vergangenheiten	die Verhandlung
er hat verdorben	vergeben	die Verhandlungen
verdienen	→ geben	verheerend
→ dienen	vergebens	verheimlichen
der Verdienst	vergeblich	er verheimlichte
die Verdienste	die Vergebung	verheiratet
verdorben	vergessen	verhext
verdorren	er vergaß	verhindern
es verdorrte	sie hat vergessen	→ hindern
verdunsten	vergeßlich 42	verhöhnen
es verdunstete	vergiftet	er verhöhnte
die Verdunstung	die Vergiftung	verhungern
verdursten	die Vergiftungen	→ hungern
sie verdurstete	das Vergißmeinnicht	verhüten
verdutzt	der Vergleich	→ hüten
verehren	die Vergleiche	die Verhütung
er verehrte	vergleichen 12	sich verirren
der Verehrer	sie verglich	sie verirrte sich
der Verein	er hat verglichen	der Verkauf
die Vereine	sich vergnügen	die Verkäufe
vereinbaren	er vergnügte sich	verkaufen 12
sie vereinbarte	das Vergnügen	→ kaufen
die Vereinbarung	vergnügt 18	der Verkäufer 12
die Vereinbarungen	vergrößern	der Verkehr
das Verfahren	sie vergrößerte	verkehren
die Verfassung	die Vergrößerung	→ kehren
die Verfassungen	die Vergrößerungen	verkehrswidrig
verflixt	verhaftet	das Verkehrszeichen 50
verfolgen	die Verhaftung	verkehrt
→ folgen	die Verhaftungen	verkleiden 46
die Verfolgung	verhandeln	er verkleidete sich
die Verfolgungen		

172

verkleidet	die Verliese	die Verpackungen
die Verkleidung	verloben 52	verpetzen
die Verkleidungen	→ loben	→ petzen
verkohlt 20	verlosen	verpflegen
verkrampft	sie verloste	→ pflegen
der Verlag	die Verlosung	verpflegt
die Verlage	die Verlosungen	die Verpflegung
verlangen	der Verlust	die Verpflegungen
sie verlangte	die Verluste	verqualmt
verlängern	vermehren	der Verrat
er verlängerte	er vermehrte	verraten
die Verlängerung	vermeiden	→ raten
die Verlängerungen	→ meiden	der Verräter
verlassen	die Vermeidung	sich verrechnen
→ lassen	vermieten 60	→ rechnen
verlegen	→ mieten	verreisen
→ legen	vermissen	→ reisen
die Verlegenheit	er vermißte	verrenken
verleihen	vermißt	sie verrenkte
→ leihen	das Vermögen	die Verrenkung
verlernen	vermuten	die Verrenkungen
→ lernen	sie vermutete	verrückt
sich verletzen	vermutlich	der Verrückte
sie verletzte sich	die Vermutung	die Verrückten
der Verletzte	die Vermutungen	der Vers
die Verletzten	vernichten	die Verse
die Verletzung	er vernichtete	sich versammeln
die Verletzungen	vernichtend	→ sammeln
verlieren	die Vernichtung	die Versammlung
er verlor	die Vernichtungen	die Versammlungen
sie hat verloren	die Vernunft	der Versand
der Verlierer	vernünftig	versäumen
das Verlies	die Verpackung	er versäumte

das Versäumnis
die Versäumnisse
verschenken
→ schenken
verschieden 34
verschlafen
→ schlafen
verschließen
→ schließen
verschlossen
verschlucken
→ schlucken
der Verschluß
die Verschlüsse
verschmutzt
verschnupft
verschreiben 30
→ schreiben
verschwenden
sie verschwendete
verschwenderisch
die Verschwendung
verschwinden
er verschwand
sie ist verschwunden
versehen
→ sehen
das Versehen
aus Versehen
versehentlich
versenden

→ senden
versengen
sie versengte
versenken
→ senken
versetzt
die Versetzung
die Versetzungen
versichern
→ sichern
der Versicherte
die Versicherten
die Versicherung
die Versicherungen
sich versöhnen 64
er versöhnte sich
die Versöhnung
die Versöhnungen
versorgen 24
→ sorgen
die Versorgung
sich verspäten
sie verspätete sich
die Verspätung 62
die Verspätungen
versprechen
→ sprechen
das Versprechen
der Verstand
verständig
sich verständigen
er verständigte sich
die Verständigung

verständlich
das Verständnis
verstaucht
verstauen
→ stauen
das Versteck
die Verstecke
verstecken
→ stecken
verstehen 34, 64
→ stehen
die Versteigerung
die Versteigerungen
verstopft
die Verstopfung
die Verstopfungen
verstört
der Versuch
die Versuche
versuchen
→ suchen
die Versuchung
die Versuchungen
verteidigen
er verteidigte
der Verteidiger
die Verteidigung
die Verteidigungen
verteilen
→ teilen
der Vertrag
die Verträge
sich vertragen 64

174

→ tragen	→ wechseln	**Vi**
vertrauen	die Verwechslung	das Video 16
→ trauen	die Verwechslungen	die Videos
das Vertrauen	verwelkt	der Videorecorder
vertraulich	verwenden	das Videospiel 16
vertraut	→ wenden	die Videospiele
vertreten	die Verwendung	das Vieh
→ treten	die Verwendungen	viel
der Vertreter	verwöhnen 30	viele
die Vertretung	sie verwöhnte	vielerlei
die Vertretungen	die Verwöhnung	vielfach
der Vertriebene	verwunden	vielfältig
die Vertriebenen	er verwundete	vielleicht
verunglücken	verwundet	vielmals
sie verunglückte	die Verwundung	vier
der Verunglückte	die Verwundungen	das Viereck
die Verunglückten	das Verzeichnis	die Vierecke
verurteilen	die Verzeichnisse	viereckig
→ teilen	verzeihen	das Viertel
die Verurteilung	sie verzieh	das Vierteljahr
die Verurteilungen	er hat verziehen	die Vierteljahre
vervielfältigen	die Verzeihung	die Viertelstunde
sie vervielfältigte	der Verzicht	die Viertelstunden
verwalten	die Verzichte	vierzehn
er verwaltete	verzichten	vierzig
die Verwaltung	sie verzichtete	die Villa
die Verwaltungen	verzweifeln	die Villen
verwandt 52	→ zweifeln	violett
der Verwandte	die Verzweiflung	die Violine
die Verwandten	verzwickt	die Violinen
die Verwandtschaft 52		die Viper
verwechseln		die Vipern
		das Vitamin

175

die Vitamine
die Vitrine
die Vitrinen

Vo
der Vogel
die Vögel
der Vokal
die Vokale
das Volk
die Völker
voll
vollenden
sie vollendete
völlig
vollkommen
vollständig
vollzählig
voltigieren
er voltigierte
vom
von
voneinander
vor
voran
voraus
voraussichtlich
vorbei
vorbereiten 18
sie bereitete vor
die Vorbereitung
die Vorbereitungen

das Vorbild
die Vorbilder
vorbildlich
der Vordermann
die Vordermänner
sich vordrängen
er drängte sich vor
voreilig
voreinander
vorerst
der Vorfahr
die Vorfahren 52
die Vorfahrt 50
vorführen
→ führen
die Vorführung 18
die Vorführungen
vorgestern
vorhaben
→ haben
der Vorhang 46
die Vorhänge
vorher
vorhin
voriges Jahr
vorkommen
→ kommen
vorläufig
vorlaut
vorlesen
→ lesen
die Vorliebe
die Vorlieben

der Vormittag
die Vormittage
vormittags 62
vorn
der Vorname
die Vornamen
vornehm
der Vorort
die Vororte
der Vorrat
die Vorräte
vorrätig
der Vorsatz
die Vorsätze
der Vorschlag
die Vorschläge
vorschlagen
→ schlagen
die Vorschrift
die Vorschriften
die Vorsicht
vorsichtig 44, 50
vorspielen
→ spielen
der Vorstand
die Vorstände
vorstellen
→ stellen
die Vorstellung
die Vorstellungen
der Vorteil
die Vorteile
vorteilhaft

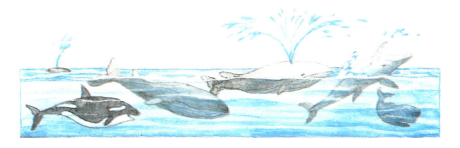

der Vortrag	die Waag(e)rechten	er wählte
die Vorträge	die Wabe	der Wähler
vortrefflich	die Waben	wählerisch
vorüber	wach	der Wahnsinn
vorübergehend	die Wache	wahnsinnig
das Vorurteil	die Wachen	wahr
die Vorurteile	wachen	während
der Vorwand	sie wachte	wahrhaftig
die Vorwände	das Wachs	die Wahrheit
vorwärts	die Wachse	die Wahrheiten
vorwitzig	wachsen 38	wahrheitsgemäß
der Vorwurf	er wuchs	der Wahrsager
die Vorwürfe	sie ist gewachsen	wahrscheinlich
vorwurfsvoll	der Wächter	die Währung
vorziehen	wack(e)lig	die Währungen
→ ziehen	wackeln	die Waise
vorzüglich	es wackelte	die Waisen
	die Wade	der Wal
	die Waden	die Wale
Vu	die Waffe	der Wald
der Vulkan	die Waffen	die Wälder
die Vulkane	die Waffel	der Waldbrand 20
	die Waffeln	die Waldbrände
	wagemutig	das Waldsterben 54
Ww	wagen	der Wall
	sie wagte	die Wälle
	der Wagen	die Wallfahrt
Wa	der Waggon	die Wallfahrten
die Waage 12	die Waggons	die Walnuß
die Waagen	waghalsig	die Walnüsse
waag(e)recht	die Wahl	die Walze
die Waag(e)rechte	die Wahlen	die Walzen
	wählen 40	wälzen

177

sie wälzte sich	der Wärter	**We**
der Walzer	warum	weben
die Wand	die Warze	er webte
die Wände	die Warzen	der Wechsel
der Wanderer	was	wechseln
wandern	die Wäsche	sie wechselte
er wanderte	waschen 28	wechselnd
die Wanderschaft	er wusch	wecken
die Wanderung	sie hat gewaschen	er weckte
die Wanderungen	die Wäscherei	der Wecker 62
die Wange	die Wäschereien	wedeln
die Wangen	das Wasser	sie wedelte
wanken	wasserdicht	weder
sie wankte	der Wasserfall 56	weg
wann	die Wasserfälle	der Weg
die Wanne	die Wasserleitung 56	die Wege
die Wannen	die Wasserleitungen	wegen
die Wanze	wässern	wegfliegen
die Wanzen	sie wässerte	→ fliegen
das Wappen	wasserscheu	weglaufen
die Ware	die Wasserwaage 10	→ laufen
die Waren	die Wasserwaagen	der Wegweiser
warm 58	wäßrig	weh tun
die Wärme	waten	→ tun
wärmen 20	er watete	die Wehe
es wärmte	watscheln	die Wehen
warmherzig	sie watschelte	wehen
warnen	das Watt	es wehte
er warnte	die Watte	wehleidig
die Warnung	die Watten	wehmütig
die Warnungen		sich wehren
warten 62		er wehrte sich
sie wartete		wehrlos

178

das Weib	er wies	die Welt
die Weiber	sie hat gewiesen	die Welten
weiblich	die Weisheit	das Weltall
weich	die Weisheiten	sich wenden
die Weiche	weismachen	er wandte sich
die Weichen	→ machen	sie wendete sich
weichen	weiß	er hat sich gewandt
sie wich	weit	sie wendete sich
er ist gewichen	die Weite	sie hat sich
weichgekocht	die Weiten	gewendet
weichlich	von weitem	wendig
die Weide	weiter	die Wendung
die Weiden	ohne weiteres	die Wendungen
sich weigern	weiterhin	wenig
er weigerte sich	weitläufig	wenigstens
der Weiher	weitschweifig	wenn
die Weihnacht	weitsichtig	wer
das Weihnachten	weitverbreitet	werben
weihnachtlich	der Weizen 8	sie warb
weil	welch	er hat geworben
die Weile	welche	die Werbung 16
der Wein	welcher	die Werbungen
die Weine	welches	werden
weinen 30, 64	welk	sie wurde
sie weinte	welken 38	er ist geworden
die Weintraube	es welkte	werfen 44
die Weintrauben	die Welle 48	sie warf
weise	die Wellen	er hat geworfen
der Weise	der Wellensittich 24	die Werft
die Weisen	die Wellensittiche	die Werften
die Weise	wellig	das Werk
die Weisen	der Welpe	die Werke
weisen	die Welpen	die Werkstatt 6

die Werkstätten
der Werktag
die Werktage
das Werkzeug
die Werkzeuge
  wert
der Wert
die Werte
  wertlos
  wertvoll
  wesentlich
  weshalb
die Wespe
die Wespen
  wessen
die Weste
die Westen
der Westen
der Western
  westlich
  westwärts
  weswegen
der Wettbewerb
die Wettbewerbe
die Wette
die Wetten
  wetten
sie wettete
das Wetter
die Wetterkarte 58
die Wetterkarten
die Wetterstation 58
die Wetterstationen

das Wettspiel 18
die Wettspiele
  wetzen
er wetzte

Wi
der Wicht
die Wichte
  wichtig
der Wichtigtuer
  wichtigtuerisch
die Wicke
die Wicken
  wickeln
sie wickelte
  widerborstig
der Widerhaken
der Widerhall
die Widerhalle
  widerlegen
  → legen
  widerlich
die Widerrede
  widerrufen
  → rufen
  widerspenstig
  widersprechen
  → sprechen
der Widerspruch
die Widersprüche
  widersprüchlich
der Widerstand

die Widerstände
  widerwärtig
der Widerwille
  widerwillig
  widmen
er widmete
die Widmung
die Widmungen
  wie
  wieder
  wiederholen 42
  → holen
die Wiederholung
die Wiederholungen
die Wiege
die Wiegen
  wiegen
sie wog
er hat gewogen
  wiehern
es wieherte
die Wiese
die Wiesen
  wieso
  wieviel
  wild
das Wild
der Wilderer
die Wildnis
die Wildnisse
das Wildschwein 54
die Wildschweine
der Wille

180

willig	die Wippen	die Wissenschaften
willkommen	wippen 44	wittern
willkürlich	sie wippte	er witterte
wimmeln	wir	die Witterung
es wimmelte	der Wirbel	die Witwe
wimmern 30	wirbeln	die Witwen
sie wimmerte	er wirbelte	der Witwer
der Wimpel	die Wirbelsäule	der Witz
die Wimper	die Wirbelsäulen	die Witze
die Wimpern	wirken	witzig
der Wind 48	es wirkte	
die Winde	wirklich	**Wo**
die Windel	die Wirklichkeit	wo
die Windeln	wirksam	wobei
winden	die Wirkung	die Woche 62
er wand	die Wirkungen	die Wochen
sie hat gewunden	wirr	wochenlang
windig 58	der Wirrwarr	wochentags
windschief	der Wirsing	wöchentlich
die Windstärke 58	der Wirt	wodurch
der Winkel	die Wirte	wofür
wink(e)lig	die Wirtschaft	die Woge
winken	die Wirtschaften	die Wogen
er winkte	das Wirtshaus	wogegen
sie hat gewinkt	die Wirtshäuser	woher
winseln	wischen	wohin
er winselte	sie wischte	wohl
der Winter	wißbegierig	das Wohl
winterlich	wissen	wohlhabend
der Winzer	er wußte	wohlig
winzig	sie hat gewußt	der Wohlstand
der Wipfel	das Wissen	die Wohltat
die Wippe 44	die Wissenschaft	

die Wohltaten
wohltätig
das Wohlwollen
wohnen
sie wohnte
wohnlich 60
die Wohnung 60
die Wohnungen
der Wohnungsbrand 20
die Wohnungs-
brände
das Wohnzimmer 60
der Wolf
die Wölfe
die Wolke 58
die Wolken
der Wolkenbruch 58
die Wolkenbrüche
wolkenlos
wolkig 58
die Wolle
wollen
er wollte
sie hat gewollt
womit
womöglich
wonach
die Wonne
die Wonnen
wonnig
woran
worauf

woraus
worin
das Wort
die Worte
die Wörter
wortbrüchig
das Wörterbuch
die Wörterbücher
wörtlich
worüber
worum
worunter
wovon
wovor
wozu

Wr
das Wrack
die Wracks

Wu
der Wucher
wuchern
es wucherte
der Wuchs
die Wucht
wuchtig
wühlen
sie wühlte
wund
die Wunde 30

die Wunden
das Wunder
wunderbar
sich wundern
er wunderte sich
wunderschön
wundervoll
der Wunsch
die Wünsche
wünschen
sie wünschte
die Würde
die Würden
würdig
der Wurf 44
die Würfe
der Würfel
würfeln
er würfelte
würgen
sie würgte
der Wurm
die Würmer
wurmig
wurmstichig
die Wurst
die Würste
die Wurzel 38
die Wurzeln
würzen
er würzte
würzig
wuschelig

wüst
die Wüste
die Wüsten
die Wut
    wütend 64
    wutentbrannt

Xx

    x-beliebig
    x-mal
das Xylophon
die Xylophone

Yy

die Yacht
die Yachten
das Yak
die Yaks
das Yoga (der)
das Ypsilon
die Ypsilons

Zz

Za

die Zacke
die Zacken
    zaghaft
    zäh
die Zähigkeit
die Zahl
die Zahlen
    zahlen
 sie zahlte
    zählen
 er zählte
der Zähler
    zahllos
    zahlreich
die Zahlung
die Zahlungen
    zahm
    zähmen 24
sie zähmte
die Zähmung
die Zähmungen
der Zahn 28
die Zähne
die Zahnbürste 28
die Zahnbürsten
die Zange
die Zangen
der Zank
sich zanken

 er zankte sich
    zänkisch
das Zäpfchen
der Zapfen 54
    zapp(e)lig
    zappeln
 sie zappelte
    zart
    zärtlich
die Zärtlichkeit
die Zärtlichkeiten
der Zauber
die Zauberei
die Zaubereien
der Zauberer
die Zauberin
die Zauberinnen
    zaubern 18
 er zauberte
der Zaum
die Zäume
das Zaumzeug
der Zaun
die Zäune

Ze

das Zebra
die Zebras
der Zebrastreifen 50
die Zecke
die Zecken
der Zeh

die Zehe 28	zensieren	die Zerstörung
die Zehen	er zensierte	die Zerstörungen
zehn	die Zensur	zerstreuen
das Zeichen	die Zensuren	→ streuen
der Zeichentrickfilm 16	der Zentimeter	zerstreut
die Zeichentrickfilme	der Zentner	die Zerstreuung
	zentral	die Zerstreuungen
zeichnen	die Zentrale	zerzaust
sie zeichnete	die Zentralen	der Zettel
der Zeichner	das Zentrum	das Zeug
die Zeichnung	die Zentren	der Zeuge
die Zeichnungen	der Zeppelin	die Zeugen
zeigen	die Zeppeline	das Zeugnis
er zeigte	das Zepter	die Zeugnisse
der Zeiger	zerbrechen	
die Zeile	→ brechen	**Zi**
die Zeilen	zerbrechlich	zickig
die Zeit	zerkleinern	im Zickzack
die Zeiten	sie zerkleinerte	die Ziege
zeitig	zerknirscht	die Ziegen
eine Zeitlang	zerquetschen	der Ziegel
die Zeitlupe	→ quetschen	die Ziegelei
die Zeitung	zerquetscht	die Ziegeleien
die Zeitungen	zerreißen	ziehen
die Zelle	→ reißen	er zog
die Zellen	zerren	sie hat gezogen
das Zelt 60	er zerrte	das Ziel
die Zelte	zerrissen	die Ziele
zelten	die Zerrung	zielen
sie zeltete	die Zerrungen	sie zielte
der Zement 10	zerstören	ziellos
die Zemente	→ stören	zielstrebig
	zerstört	

ziemlich
sich zieren
  er zierte sich
  zierlich
die Ziffer
die Ziffern
die Zigarette
die Zigaretten
die Zigarre
die Zigarren
die Zikade
die Zikaden
das Zimmer
der Zimmermann 10
die Zimmermänner
  zimperlich
der Zimt
das Zink
das Zinn
die Zinne
die Zinnen
der Zins
die Zinsen
der Zipfel
der Zirkel
der Zirkus
die Zirkusse
  zirpen
  es zirpte
  zischeln
  sie zischelte
  zischen
  es zischte

das Zitat
die Zitate
die Zitrone
die Zitronen
  zitt(e)rig
  zittern
  er zitterte
die Zitze
die Zitzen
das Zivil
der Zivildienst
der Zivilist
die Zivilisten

Zo

zögern
  sie zögerte
der Zoll
die Zölle
  zollfrei
der Zöllner
die Zone
die Zonen
der Zoo
die Zoos
der Zopf
die Zöpfe
der Zorn
  zornig
  zott(e)lig

Zu

zu
zuallererst
zuallerletzt
das Zubehör
  zubereiten 32
  sie bereitete zu
die Zucchini
die Zucchini
die Zucht
  züchten
  er züchtete
  zucken
  sie zuckte
  zücken
  er zückte
der Zucker 32
  zuckern
  sie zuckerte
  zuckersüß
sich zudecken
  → decken
  zueinander
  zuerst
der Zufall
die Zufälle
  zufällig
die Zuflucht
  zufrieden 6
die Zufriedenheit
der Zug 22
die Züge
der Zugang

die Zugänge
zugänglich
zugeben
→ geben
der Zügel
zugleich
der Zugvogel
die Zugvögel
das Zuhause
zuhören 34, 64
→ hören
der Zuhörer
zukleben
→ kleben
die Zukunft 62
zukünftig
zuletzt
zuliebe
zumeist
zumutbar
die Zumutung
die Zumutungen
zunächst
zündeln 20
sie zündelte
zünden
er zündete
die Zündung
die Zündungen
zunehmen
→ nehmen
zünftig
die Zunge

die Zungen
züngeln 20
es züngelte
zupfen 36
sie zupfte
zürnen
er zürnte
zurück
sich zurückziehen
→ ziehen
zusammen 18
die Zusammenarbeit
zusammenfügen
sie fügte zusammen
der Zusammenstoß
die Zusammenstöße
zuschauen
→ schauen
der Zuschauer 46
zusehen
→ sehen
der Zustand
die Zustände
zuständig
die Zutaten
sich zutrauen
→ trauen
zutraulich 24
zuverlässig
zuviel
zuvor
zuweilen
zuwenig

zuziehen
→ ziehen

Zw
der Zwang
die Zwänge
zwanglos
die Zwanglosigkeit
die Zwanglosigkeiten
zwanzig
zwar
der Zweck
die Zwecke
zwecklos
zweckmäßig
die Zweckmäßigkeit
die Zweckmäßigkeiten
zwei
zweierlei
zweifach
der Zweifel
zweifelhaft
zweifellos
zweifeln
er zweifelte
der Zweig 54
die Zweige
zweimal
zweitens

der Zwerg
die Zwerge
die Zwetsch(g)e
die Zwetsch(g)en
zwicken
sie zwickte
der Zwieback
die Zwiebäcke
die Zwiebel
die Zwiebeln
das Zwiegespräch
die Zwie-
　gespräche

der Zwilling
die Zwillinge
zwingen
er zwang
sie hat gezwungen
der Zwinger
zwinkern
er zwinkerte
der Zwirn
zwischen
zwischendurch
der Zwischenfall
die Zwischenfälle

der Zwischenraum
die Zwischenräume
zwitschern
sie zwitscherte
zwölf

Zy
der Zylinder
zynisch

**Verflixt schwierige Wörter,
die ich richtig schreiben kann:**

**Verflixt schwierige Wörter,
die ich richtig schreiben kann:**

**Verflixt schwierige Wörter,
die ich richtig schreiben kann:**

**Verflixt schwierige Wörter,
die ich richtig schreiben kann:**